Last minute

FINGERFOOD

Impressum

Produktmanagement: Doreen Brodowsky
Textredaktion: Jutta Schmolke
Korrektorat: Susanne Langer, M.A.
Layout und Satz: Silke Schüler
Umschlaggestaltung: *zeichenpool, München
unter Verwendung von Fotos von Maria Brinkop
Repro: Repro Ludwig, Zell am See
Herstellung: Barbara Uhlig

Texte und Rezepte: Isabell Heßmann
Fotografie: Maria Brinkop, außer Shutterstock: S. 5 (Little Perfect Stock), S. 11 (Krzysztof Slusarczyk), S. 12 (Oksana Mizina), S. 13 (kungverylucky), 14 (Marija Kerekes), S. 17 (stockcreations), S. 19 (Africa Studio), S. 21 (Yevgeniya Shal), S. 22 (Rawpixel.com), S. 23 (Joshua Resnick)

Printed in Slovenia by Florjancic

Unser komplettes Programm finden Sie unter
www.christian-verlag.de

Die Deutsche Nationalbibliothek verzeichnet diese Publikation in der Deutschen Nationalbibliografie; detaillierte bibliografische Daten sind im Internet über http://dnb.d-nb.de abrufbar.

ISBN 978-3-95961-100-8

★★★★★

Sind Sie mit diesem Titel zufrieden? Dann würden wir uns über Ihre Weiterempfehlung freuen.
Erzählen Sie es im Freundeskreis, berichten Sie Ihrem Buchhändler oder bewerten Sie bei Onlinekauf. Und wenn Sie Kritik, Korrekturen, Aktualisierungen haben, freuen wir uns über Ihre Nachricht an Christian Verlag, Postfach 40 02 09, D-80702 München oder per E-Mail an lektorat@verlagshaus.de

Wir bedanken uns ganz herzlich bei „Nostalgie im Kinderzimmer" für die freundliche Unterstützung mit Produkten aus ihrem Sortiment.
www.nostalgieimkinderzimmer.de

Die aufgeführten Rezept-Varianten beziehen sich immer auf das darüberstehende Rezept, ebenso die Zeitangaben.

Last minute

FINGERFOOD

Blitzschnelle Rezepte für
Snacks, Häppchen und Co.

CHRISTIAN

Inhalt

Warenkunde

Vorräte – das können Sie immer zu Hause haben

Wer einen gut sortierten Vorratsschrank pflegt, hat schon mal eine prima Basis für die meisten Rezepte dieses Buches. Alle anderen Zutaten sind leicht erhältlich. So gelingt und schmeckt es auf jeden Fall!

Viele Rezepte dieses Buches lassen sich komplett mit Produkten aus dem Vorrat zaubern, zum Beispiel das Shortbread mit Parmesan und Chili auf Seite 31, die Pizzaschnecken als Strohhalm-Lollis auf Seite 51, die Samosas mit Tomaten-Feigen-Füllung auf Seite 96 oder die Marshmallows mit salzigem Schoko-Topping auf Seite 60. Der Vorteil: Sie können Ihren Gästen ganz spontan etwas anbieten und sind völlig unabhängig von Supermärkten und deren Öffnungszeiten. Da ist selbst Überraschungsbesuch herzlich willkommen, ohne dass Sie in Stress geraten. Mit diesen Produkten können Sie sich prima bevorraten:

Aus Glas und Dose

Konserven sind eine wunderbare Möglichkeit, sich einen kleinen Vorrat anzulegen. Denn die Dosen und Gläser lassen sich ohne Qualitätsverlust problemlos mehrere Jahre aufbewahren. Und es gibt wirklich eine große Auswahl an diesen Konserven: Früchte wie Aprikosen, Pfirsiche, Kirschen oder Pflaumen und Gemüse wie Karotten, Mais, Spargel oder Rote Bete. Darüber hinaus Hülsenfrüchte wie Bohnen, Erbsen, Kichererbsen oder Linsen und eingelegte Spezialitäten wie getrocknete Tomaten in Öl, Oliven oder Antipasti-Gemüse. Teilweise haben Dosenprodukte einen schlechten Ruf. Viele denken, dass frisches Obst und Gemüse immer die bessere Wahl ist, weil es viel mehr Vitamine und Mineralien enthält. Das ist nicht zwangsläufig so. Gemüse und Obst werden nämlich nach der Ernte schnell weiterverarbeitet. Zunächst werden sie kurz blanchiert, dann zusammen mit einer Mischung aus Wasser und Salz oder Zucker in der Dose verschlossen und schließlich pasteurisiert. Der Vitamingehalt von Dosengemüse ist de facto fast identisch mit dem seiner daheim zubereiteten frischen Artgenossen.

Insbesondere Dosentomaten sind eine ideale Lösung. Eine Untersuchung der Stiftung Warentest ergab, dass sie gegenüber dem frischen Produkt sogar einen weitaus höheren Gehalt des sekundären Pflanzenstoffes Lycopin aufweisen. Lycopin schützt die Zellen vor dem Angriff freier Radikale und kann somit vor diversen Krankheiten bewahren.

Aus der Tiefkühltruhe

Viele Obst- und Gemüsesorten gibt es im Handel auch tiefgefroren zu kaufen. Spinat, Himbeeren, Karotten und Bohnen

zum Beispiel. Hierfür werden Obst und Gemüse nach der Ernte sofort mit Wasser und Dampf blanchiert und dann mittels eines Schnellgefrierverfahrens tiefgefroren. Geschmack und Konsistenz der Produkte bleiben damit weitestgehend erhalten.

Auch Teige gibt es tiefgefroren. Beispielsweise Blätterteig oder Wan-Tan-Teig. Wichtig ist, sie rechtzeitig vor der Zubereitung aus dem Tiefkühlfach herauszunehmen. Denn nur die aufgetauten Teige lassen sich für die Rezepte verwenden.

Summa summarum ist Tiefkühlware eine sehr gute Wahl und absolut empfehlenswert. Damit die Produkte tiptop in Ordnung bleiben, ist es wichtig, dass die Kühlkette bis zur finalen Zubereitung nicht unterbrochen wird. Sind Erbsen und Co. in der Packung zu einem Klumpen zusammengefroren, war das Gemüse schon mal auf- oder zumindest angetaut – lieber nicht mehr verwenden.

Aus dem Kühlschrank

Milchprodukte wie Frischkäse, Schafskäse, Hartkäse, Ziegenkäse, Quark oder Joghurt halten sich im Kühlschrank gelagert einige Wochen frisch. Ebenso Wurstwaren wie Schinken und Salami oder Fischprodukte wie Räucherlachs oder Räucherforelle. Auch die überaus praktischen, turbo-schnellen frischen Fertigteige wie Pizzateig oder Filoteig sind im Kühlschrank für mehrere Tage bis Wochen gut aufgehoben.

Ist es eigentlich egal, wo man seine Produkte im Kühlschrank aufbewahrt? Nein, denn manche Produkte mögen es kühler, manche etwas wärmer und im Kühlschrank ist die Temperatur nicht überall gleich. Faustregel: Unten ist es kälter als oben. Ganz unten im Kühlschrank herrscht eine Temperatur von zwei bis drei Grad. Hier sollte man deshalb die rasch verderblichen Produkte wie Fleisch oder Fisch verstauen. Im mittleren Bereich lagern Milchprodukte bei etwa fünf Grad ideal. Ganz oben finden zum Beispiel Käse, frische Fertigteige oder angebrochene Lebensmittel einen guten Platz. In der Tür liegt die Temperatur bei etwa acht Grad – ideale Bedingungen für Butter und Eier.

Aus der Gewürzschublade

Ohne Kräuter und Gewürze würde selbst das beste Essen fad schmecken. In eine gut sortierte Gewürzschublade gehören daher natürlich Salz und Pfeffer – am besten der Pfeffer aus einer Mühle, denn frisch gemahlen schmeckt er ungleich besser als der bereits gemahlene. Muskatnuss, Curry, granulierter Knoblauch und Paprika (rosenscharf und edelsüß) sind ebenfalls Basics, die nicht fehlen sollten. Wer gern asiatisch oder orientalisch kocht, ergänzt mit Kardamom, Kurkuma, Ras el Hanout und/oder Garam Masala. An getrockneten Kräutern empfehlen sich Rosmarin, Thymian, Majoran und Oregano. Viele andere Kräuter wie Petersilie, Kerbel, Basilikum oder Schnittlauch schmecken frisch hingegen am allerbesten. Wer diese selbst anpflanzt, hat auch sie immer schnittbereit auf Vorrat.

Eine selbst gemachte Brühe aus Gemüse und Knochen schmeckt natürlich unübertroffen gut. Aus Zeitgründen ist Instant-Brühe eine prima Alternative.

An Gewürzen für die süße Rezeptwelt sollten gemahlene Vanille und Zimtpulver vorhanden sein. Damit lassen sich sehr viele Kuchen und Desserts köstlich aufpimpen. Gewürze mögen es dunkel, trocken, kühl und luftdicht verschlossen. Ein Platz direkt über, unter oder neben dem Herd ist daher nicht ideal, denn Wärme und Feuchtigkeit können das Aroma der Gewürze mindern.

Aus der Vorratskammer

Eine große Gruppe an verschiedenen Lebensmitteln lässt sich auch wunderbar längerfristig und ohne besondere Ansprüche an dem Aufbewahrungsort lagern. Dazu gehören zum Beispiel Nudeln, Reis, Couscous, Bulgur, Polenta, Quinoa oder Amaranth. Von vielen Produkten gibt es sogar Instant-Varianten, die in wenigen Minuten zuzubereiten und daher ideal für die 30-Minuten-Küche sind. Blitzschnell sind asiatische Reis- oder Glasnudeln fertig – sie müssen nur kurz mit heißem Wasser überbrüht werden.

Auch Nüsse und Samen gehören zu den Produkten, die sich in der Vorratskammer sehr wohlfühlen. Mit Sonnenblumen-, Walnuss- oder Pistazienkernen, Mandeln und Co. lassen sich viele Rezepte knackig veredeln: Salate, Aufläufe, Desserts und mehr.

Unendlich praktisch als Füllung für herzhafte und süße Teigtaschen, in Rouladen und Desserts sind Trockenfrüchte wie getrocknete Pflaumen, Datteln, Feigen oder Aprikosen. Sie bringen wunderbare Süße und viel Aroma mit. Soft-Trockenfrüchte werden mit Wasserdampf veredelt und sind daher weicher und saftiger.

Verpackte Backwaren wie Sandwichbrotscheiben, Aufback-Baguette, Tortillafladen oder Pita-Taschen halten sich mehrere Tage bis sogar Wochen. Vieles hiervon ist nützlich für die Fingerfood-Rezepte in diesem Buch. Anbei eine kleine Checkliste, was immer im Schrank sein sollte.

Checkliste für den Vorratsschrank

- Früchte (z. B. Aprikosen, Ananas und Pfirsiche) aus Glas oder Dose
- Gemüse und Hülsenfrüchte (z. B. Mais, Spargel, Bohnen und Kichererbsen) aus Glas oder Dose
- Eingelegtes aus dem Glas (z. B. Oliven, getrocknete Tomaten, Essiggurken und Röstpaprika)
- Konfitüre und Honig
- Tiefkühlprodukte (z. B. Gemüse und Fertigteige)
- Käse, Butter und Eier
- Wurstwaren und Fischprodukte
- frische Fertigteige
- Basic-Gewürze (Salz, Pfeffer, Muskat und Brühe)
- spezielle Gewürze (nach Wunsch asiatische oder orientalische)
- frische und getrocknete Kräuter
- Nudeln, Reis und Co.
- Nüsse und Samen
- Trockenfrüchte und Soft-Trockenfrüchte
- Verpackte, länger haltbare Brot- und Backwaren

Zutaten tauschen und variieren

Wir haben unsere Rezepte so ausgelegt, dass vor allem Zutaten verwendet werden, die Sie in fast jedem gut sortierten Supermarkt bekommen. Hier ein kurzer Überblick über einige spezielle Produkte sowie Tipps zum Einkauf und zum Tausch.

Bei den Rezepten Tramezzini im Schnittlauchmantel auf Seite 71 und Brot-Röllchen mit Schinken und Spargel auf Seite 87 taucht *Tramezzini-Brot* auf. Dieses weiche Weißbrot hat den Vorteil, dass es keine Rinde besitzt und rechteckig (ca. 10 x 23 cm) zugeschnitten ist. Es ist damit etwa doppelt so breit wie ein herkömmliches Sandwichtoastbrot und spart somit Zeit beim Belegen und Zuschneiden. Sie können aber natürlich ebenso gut Sandwichtoast verwenden und diesen nach Wunsch vorab entrinden.

Vegane Varianten

Die *vegane Mayonnaise* beim Rezept »Veganes Sandwich-Sushi« auf Seite 87 ist eine Besonderheit der veganen Küche. Sie ist eifrei und in vielen Drogerie-Märkten, gut sortierten Supermärkten sowie Bioläden erhältlich. Wer sich nicht streng vegan ernährt, kann natürlich auch auf eine normale Mayonnaise zurückgreifen. Im Rezept Laugenstückchen »Bavarian Style« auf Seite 99 wird veganes Schmalz verwendet. Ein spannendes Produkt für alle, die den herzhaften Geschmack von Schmalz mögen, aber auf tierische Produkte verzichten möchten. Veganes Schmalz gibt es z. B. in Drogerien und Biomärkten.

Internationaler Touch

Haben Sie schon mal *Pastrami* probiert? Das ist ein geräuchertes, gewürztes Stück Fleisch (meist das Schulterstück vom Rind oder die Rinderbrust), das dünn aufgeschnitten wird und in den USA ein äußerst beliebter Sandwichbelag ist. Pastrami kam vermutlich Ende des 19. Jahrhunderts aus Rumänien über die jüdische Küche nach Amerika. In diesem Buch kommt Pastrami bei Wraps mit Pastrami-Hummus-Füllung auf Seite 88 zum Einsatz. Falls Sie Pastrami bei Ihrem Metzger nicht bekommen, können Sie auch geräucherten Schinken, Lachsschinken oder Bündner Fleisch/Bresaola verwenden.

Einige Rezepte in diesem Buch sind asiatisch inspiriert. Die meisten Asia-Zutaten wie Wasabi oder süß-saure Sauce bekommen Sie ohne Weiteres im Supermarkt Ihres Vertrauens. Für den Kauf einiger weniger Zutaten bietet sich ein Asialaden an. Dort bekommen Sie zum Beispiel tiefgefrorene *Wan-Tan-Teigblätter* für die würzigen Wan-Tans mit Hähnchen auf Seite 92 oder auch *Pankobrösel* für das Surf & Turf am Spieß auf Seite 56. Wan-Tan-Teigblätter bestehen aus Weizenmehl. Sie können alternativ auch Frühlingsrollenteig oder eingeweichte Reisblätter verwenden. Pankobrösel sind ein der japanischen Küche entstammendes Paniermehl aus Brotkrume. Es ist besonders locker und luftig und zaubert eine wunderbare Asia-Panade für Meeresfrüchte, Hähnchen und Gemüse. Sie können es aber auch 1:1 durch herkömmliche Semmelbrösel ersetzen.

Öfter mal was Neues

Das *Kichererbsenmehl*, welches für die Spinatkrapfen mit Apfelraspeln auf Seite 39 verwendet wird, wird aus geschälten Kichererbsen hergestellt. Es ist hellgelb und angenehm nussig im Geschmack. Es ist sehr ballaststoffreich und hält daher lange satt. Bei den Spinatkrapfen sorgt es dafür, dass sich Spinat und Apfel zu einem Teig verbinden und die Krapfen beim Frittieren zusammenhalten. Sie können aber auch Weizenmehl Type 405 verwenden.

Fontina ist ein norditalienischer Käse mit hervorragenden Schmelzeigenschaften. Deshalb wird er beim Rezept Brot-Turm mit Zwiebel-Rotwein-Relish auf Seite 76 verwendet. Es sieht besonders appetitlich aus, wenn der Käse zwischen den Brotscheiben

sanft schmelzend herausläuft. Falls Sie keinen Fontina bekommen, wählen Sie einfach Raclettekäse – auch der schmilzt sehr schön.

Werden Sie kreativ

Klar, nicht jedes Rezept ist jedermanns Geschmack. Wenn Sie bei manchen Gerichten einzelne Zutaten nicht so gerne mögen, können Sie diese meist leicht durch etwas anderes ersetzen. Feigen sind nicht so Ihr Ding? Dann belegen Sie die Knusper-Schiffchen auf Seite 95 einfach mit dünnen Birnenschnitzen. Rote Bete ist geschmacklich nicht Ihr Favorit? Dann rühren Sie für den Couscous-Burger Orient Style auf Seite 79 statt pürierter Roter Bete einfach etwas Tomatenmark oder Sesampaste in die Crème fraîche. Sie mögen keine Flusskrebse? Dann füllen Sie die frittierten Flusskrebs-Wan-Tans auf Seite 92 einfach mit geräuchertem Lachs oder rohem Schinken. Sie können Ihren Vorlieben und Ihrer Kreativität gerne freien Lauf lassen und die Rezepte individuell für sich variieren.

Für jeden etwas Passendes dabei

Falls Sie verschiedene Fingerfood-Rezepte für eine Party, ein Fest oder einfach eine gemütliche Runde mit Freunden zubereiten möchten, ist es immer wichtig, ein breites Spektrum an Leckereien anzubieten.

Ein wunderbarer Starter in eine gelungene Party ist eine warme (oder je nach Jahreszeit auch kalte) Suppe. Hier finden Sie viele Anregungen ab Seite 105. Auch Salate (ebenfalls ab Seite 105) sind auf Buffets immer gern genommen. Sei es der Quinoasalat mit Aprikose und Feta von Seite 117 oder der Tortellini-Salat Bella Italia auf Seite 122. Ein guter Nudelsalat darf eigentlich auf keinem Fest fehlen!

Handliche Häppchen

Perfekt essbar selbst auf Stehpartys sind Sandwiches, Wraps und Co. Denn sie lassen sich ganz unkompliziert ohne Besteck verspeisen. Fingerfood im wahrsten Sinne des Wortes! Im Kapitel »Sandwichkinder« ab Seite 63 warten zahlreiche Anregungen darauf, von Ihnen getestet zu werden.

Gleichermaßen verhält es sich mit Spießen (Rezepte ab Seite 47). Sie lassen sich herrlich unkompliziert abknabbern. Von der Hand in den Mund essen war noch nie so lecker!

Keine Party ohne Knabberkram und Dips, oder? Das gehört einfach dazu. Knabbereien kann man ohne viel Aufwand auch selbst zubereiten (Ideen ab Seite 27). Kartoffel-Chips, Speck-Locken und Co. können Sie getrost im Supermarkt lassen. Denn in der Zeit des Einkaufs haben Sie Hartkäse-Crunch von Seite 43, Grissini-Duo von Seite 36 oder Oreo-Popcorn von Seite 40 locker selbst gemacht. Und

die Dips auf der vorderen Umschlagklappe sind echte Must-Haves für jedes Fest. Ob Gemüse-Sticks, Fleisch oder Brot – Hineintunken ist hier ausdrücklich gewünscht.

Wer seine Gäste gut kennt, kann ziel gerichtet die jeweiligen Lieblingsessen zubereiten. Falls Sie über die Essgewohnheiten der Eingeladenen nicht im Detail Bescheid wissen, empfiehlt sich immer, sowohl Fleischgerichte als auch Vegetarisches und Veganes anzubieten. Da findet jeder das Richtige!

Wenn Sie unsicher sind, welche Rezepte gut zusammenpassen und eine Auswahl für jeden Geschmack bieten, werfen Sie einen Blick auf die hintere Umschlagklappe. Dort finden Sie beispielhafte Zusammenstellungen, von denen Sie sich gern inspirieren lassen können.

Perfektes Zeitmanagement

Eine Party vorzubereiten dauert seine Zeit. Da sind viele Aufgaben zu erledigen, von Tisch decken bis Dekorieren. Deshalb soll das Kochen nicht unnötig lange dauern. Mit dem Kauf dieses Buches haben Sie schon vieles richtig gemacht, denn hier dauert kein Gericht langer als 30 Minuten.

Wenn Sie mehrere Rezepte zubereiten möchten, wählen Sie diese am besten so aus, dass Sie in der Zubereitung schachteln können. Das spart viel Zeit! Während zum Beispiel die Wasabi-Cracker von Seite 32 im Ofen sind, können Sie schon mal die Melonensuppe »Coole Melone« von Seite 113 pürieren. Während die Süßkartoffel-Suppe von Seite 118 köchelt, schnippeln Sie alles für das Salat-Türmchen auf Seite 109.

Anlässe zum Feiern gibt es genug

Klar will man tolle Anlässe wie Geburtstage oder Jubiläen gebührend feiern. Und wenn's mal keinen Anlass gibt? Dann findet man auch so einen Grund zum Feiern. Mit Fingerfood liegen Sie dabei immer richtig.

»Man soll die Feste feiern, wie sie fallen.« Kennen Sie das Sprichwort auch? Und es stimmt ja auch: Wenn Geburtstage, Jubiläen oder Einweihungspartys anstehen, sollte man diese auch gebührend feiern. Und Fingerfood ist da immer eine gute Wahl. Kleinigkeiten, von denen sich jeder nehmen kann, wann er mag, wie viel er mag und so oft er mag. Sollte es mal keinen konkreten Anlass für eine Party geben, dann erfinden Sie doch einfach ein Motto bzw. Thema für die nächste Einladung. Wie wäre es zum Beispiel mal mit einem asiatischen Abend? Rezepte hierfür finden sich zahlreich in diesem Buch. Oder Sie veranstalten eine Suppen-Party. Eine tolle Idee für einen kalten Winterabend! Einfach zwei oder drei Suppen im Vorhinein kochen und auf dem Herd warm halten. So kann sich jeder nach seinem persönlichen Gusto Kelle für Kelle herausschöpfen.

Du bist herzlich willkommen!

Wenn Sie eine Motto-Party veranstalten, können Sie auch schon die Einladung entsprechend gestalten. In Zeiten, wo die Kommunikation fast ausschließlich über E-Mail und SMS läuft, freut sich jeder über eine »echte« Einladung im Briefkasten. Keine Sorge, Sie müssen kein Bastel-Profi sein und viele Stunden Zeit investieren, um etwas Hübsches zu zaubern. Es gibt auch ganz fixe Ideen, die leicht gelingen und trotzdem richtig viel Eindruck machen.

Ganz schön kreativ!

In diesem Buch finden Sie viele Ideen für Häppchen am Spieß. Vielleicht wäre das sogar mal ein Motto für eine Party? »Party am Spieß« sozusagen. Kaufen Sie ruhig ein paar Spieße mehr ein und verwenden diese dann auch gleich für die Einladung. Einfach Ort, Datum und Uhrzeit auf schönem Papier notieren, Zettel gegebenenfalls zuschneiden und jeweils auf einen hübschen Spieß stecken. Fertig!

Für eine Einladung zur Einweihungsparty können Sie zum Beispiel einen XXL-Haustürschlüssel auf Papier oder Pappe vorzeichnen, diesen ausschneiden und die neue Adresse darauf notieren. Nach Wunsch noch lochen und ein hübsches Band durchziehen.

Zur Asia-Party laden Sie zum Beispiel mit einem Kärtchen ein, dem Sie noch ein

Paar Essstäbchen oder ein Mini-Fischchen Sojasauce beilegen.

Ein Einweg-Holzsuppenlöffel mit rustikalem Bratenband auf die Einladung geknotet deutet verheißungsvoll auf Ihre Einladung zur Suppen-Party hin. Zum herzhaften Abendbrot mit Brot-Turm oder Laugenstückchen können Sie mit einem selbst beschrifteten Vesper-Brettchen laden. Oder Sie kleben oder binden die Einladungskarte auf das Brettchen. Werden Sie kreativ – Anlässe gibt es genug.

Häppchen auf dem Präsentierteller

Hübsch angerichtet kommen die leckeren Fingerfood-Snacks noch besser zur Geltung. Wir haben da ein paar Ideen vorbereitet, die mühelos, einfach und kostengünstig umgesetzt sind.

Klar, das Auge isst mit. Das Fingerfood in diesem Buch ist für sich schon eine appetitliche Augenweide, doch macht es natürlich besonders viel Eindruck, wenn die Kleinigkeiten noch hübsch präsentiert werden. Auf Antik- oder Flohmärkten können Sie vielleicht das eine oder andere besondere Tablett oder eine ausgefallene Etagere ergattern. Auch das niedliche Mini-Geschirr, das es in Kaufhäusern und Haushaltswarengeschäften zu kaufen gibt, ist eine super Variante zum Servieren von Fingerfood. Da gibt es zum Beispiel Porzellan-Schälchen in allen Formen (oval, rund, quadratisch und rechteckig) und Mini-Tellerchen – und das zum kleinen Preis von etwa einem Euro pro Stück. Darüber hinaus wird sogar Originelles wie Mini-Tajines oder Mini-Kasserolen angeboten. Da ergeben sich herrliche Anrichtungsmöglichkeiten, die viel Spaß machen und wirklich toll ausschauen.

Lieber Einweg oder Mehrweg?

Praktisch sind auch Einmalgeschirr und -besteck aus Holz, Bambus oder Palmblatt (Arecapalme). Holzschiffchen (zum Beispiel aus unbehandeltem Kiefernholz) gibt es im 100er-Pack. Auch Gabeln, Messer und Löffel werden in großen Stückzahlen für kleines Geld angeboten. Alles lässt sich nach der Party einfach über die Biotonne entsorgen. Der lästige Abwasch entfällt also. Doch Achtung: Für Flüssigkeiten und Fettiges eignen sich manche Produkte nur eingeschränkt (etwa 15 Minuten vor Verzehr befüllbar) oder gar nicht.

Stilecht serviert

Für Mini-Suppenportionen bieten sich kleine Shot-Gläser an, aus denen man die Suppe entweder trinken oder löffeln kann. Am besten recht dickwandige, stabile Gläser verwenden, dann stehen sie besonders sicher. Für kalte Suppen wie die Coole Melone mit Bacon-Chips oder die Papaya-Kokos-Suppe von Seite 113 kann man die Gläschen vorab auch im Kühl- oder Gefrierschrank vorkühlen. Sie halten die Suppe dann lange angenehm kühl. Perfekt sind die kleinen Shot-Gläser insbesondere für die flambierten Gazpacho-Shots auf Seite 114. Einfach eine kleine Portion Suppe in die Gläschen füllen, einen Löffel Gin daraufgeben und das Ganze flambieren. Wenn Sie mit einem Tablett voller brennender Gazpacho-Shots auf Ihre Gäste zukommen, wird das »Ah«

und »Oh« groß sein. Auch Espresso-Tassen oder kleine Kaffeetassen eignen sich für die Präsentation von Flüssigem und Cremigem, ebenso Einmachgläschen oder Twist-off-Gläser.

In diesem Buch finden Sie viele Rezept-Ideen für Spieße. An Spießen bietet der Handel eine große Bandbreite an: Es gibt Exemplare aus Holz, Plastik, Metall und Bambus; und das in den unterschiedlichsten Längen und Farben. Viele Spieße sind zudem mit netten Details ausgestattet, zum Beispiel mit einem Herzchen oder einer Black Pearl (schwarze Perle) als Griff.

Längst vergessene Schätze

Oder Sie stöbern mal Ihre Schränke durch, was sich dort noch versteckt. All die alten Schätze, die im Alltag nicht verwendet werden, können jetzt ihren großen Auftritt haben. Vielleicht finden Sie noch altes Kinderkochgeschirr? Das eignet sich ganz wunderbar zum Anrichten von kleinen Portionen. Auch Muffin- oder Cupcake-Förmchen taugen als Behältnis für Salate, Nüsschen oder Popcorn. In Eierbechern können Sie kleine Portionen Dip servieren.

Das Blitz-Fingerfood-Buffet

Alle Rezepte in diesem Buch sind schnell gemacht, sie sind in maximal 30 Minuten zubereitet. Doch was tun, wenn es einmal noch rascher gehen soll oder gehen muss?

Manchmal sind Rezepte gefragt, die ratzfatz fertig sind. Jetzt haben die ultimativen Turbo-Rezepte, die in 10–15 Minuten gemacht sind, ihren großen Auftritt. Davon gibt's einige in diesem Buch.

Die Turbo-Rezepte

- Fruchtige Bacon-Röllchen (Seite 59)
- Marshmallows mit salzigem Schoko-Topping (Seite 60)
- Zuckerstangen-Marshmallows (Seite 60)
- Sandwich-Sticks mit grüner Mayo (Seite 67)
- Sandwich-Sticks mit Tomatencreme (Seite 67)
- Black & White Tramezzini mit Thunfisch-Rillettes (Seite 68)
- Black & White Tramezzini mit Leber-Paté (Seite 68)
- Süße Würfel mit Lakritzsauce (Seite 80)
- Coole Melone mit Bacon-Chips (Seite 113)

Die allseits beliebte Käseplatte

»Käse schließt den Magen.« Und nicht nur das: Er ist auch immer beliebt als kleiner Snack zwischendurch. Am besten präsentieren Sie eine abwechslungsreiche Mischung von Hartkäse am Stück (zum Beispiel Bergkäse, Cheddar und Parmesan), Schnittkäse am Stück (zum Beispiel Emmentaler, Gouda oder Appenzeller) und Weichkäse (zum Beispiel Camembert und Gorgonzola). Eine leckere Ergänzung sind blaue und helle Weintrauben sowie Feigenkonfitüre und Walnusskerne.

Wurstspezialitäten

Wo Käse ist, darf Wurst nicht fehlen. Am besten eignen sich luftgetrocknete oder geräucherte Wurstspezialitäten wie Salami, Serrano- oder Parmaschinken und Chorizo. Diese sind weniger wärmeempfindlich als eine Aufschnittplatte mit Bierschinken oder Fleischwurst. Am besten schneiden Sie die Wurstspezialitäten selbst hauchdünn auf und servieren sie auf einem schönen, rustikalen Brett mit kleinen Holzpickern. Auch auf Tortenplatten oder Servierplatten aus Schiefer machen sich Salami und Co. sehr gut.

Antipasti-Hits

Eingelegte Oliven, getrocknete Tomaten und Mixed Pickles machen sich ebenfalls wunderbar als Turbo-Snack. Am besten gleich abgetropft in separaten Schälchen servieren und Holzspießchen dazu reichen, damit jeder ganz einfach zugreifen kann. Bei Oliven empfehlen sich entsteinte Varianten, damit bei Ihren Gästen nicht die Frage auftaucht »Wohin mit dem lästigen Stein?« Auch Parmesan-Stückchen lassen sich prima als Snack aufspießen!

Brot-Variationen

Brot passt zu allem und ist daher eine tolle Ergänzung für jedes Buffet und jede Party. Ideal sind Baguette und Ciabatta, aber auch dunkle Sorten wie Bauernbrot oder Vollkornbrot werden immer beliebter. Falls Sie kein frisches Brot mehr bekommen, können Sie welches vom Vortag kurz mit kaltem Wasser bestreichen und im Backofen aufbacken. Oder Sie greifen auf die lagerfähigen Brot-Produkte aus Ihrem Vorratsschrank zurück (siehe Seite 10/11).

Die besten Tipps für Ihre Party

Der Plan fürs Essen steht? Das ist schon die halbe Miete für eine gelungene Feier. Hier die letzten Tipps, damit Sie bestens vorbereitet sind und auch Sie Ihre Party in vollen Zügen genießen können.

Die passenden Getränke

Weiß-, Rot- und/oder Roséwein gehören zu den Partyklassikern. Ebenso Bier. Bitte rechtzeitig kalt stellen! Zur Begrüßung macht sich ein Aperitif gut. Immer passend sind Sekt, Prosecco oder Champagner. Oder Sie mixen selbst rasch einen leckeren Aperitif, zum Beispiel aus Weinbrand, Gin, Vermouth und etwas Zitronensaft. Das Ganze auf Eis geben und mit Tonic Water auffüllen. Zum Wohl! Für alle, die auf Alkohol verzichten möchten, sollten ausreichende Mengen Mineralwasser (mit und ohne Sprudel), sowie Säfte und Softdrinks vorhanden sein. Zur Asia-Party können Sie gern auch einen grünen Tee servieren, zum Brunch einen Smoothie oder zur Après-Ski-Party einen leckeren Punsch.

Die richtige Menge

Achten Sie darauf, dass Sie Häppchen für jeden Geschmack dabei haben: für Fleisch-Fans ebenso wie für Vegetarier. Bei einem kurzen Steh-Empfang können Sie kalkulieren, dass jeder Gast etwa fünf Häppchen verspeist. Handelt es sich um eine abendfüllende Party und will man sich satt essen, sollten mindestens doppelt so viele Häppchen, also zehn bis zwölf pro Nase, gerechnet werden. Brot sollten Sie in verschiedenen Sorten immer ausreichend dahaben. Pro Person können Sie gut 100 Gramm Brot veranschlagen.

Was die alkoholischen Getränke betrifft, können Sie 1–2 Gläser Aperitif, ½ Liter Wein oder 1–2 Flaschen Bier pro Person rechnen. Vom Mineralwasser sollte etwa 1 Liter pro Person vorhanden sein.

Und denken Sie an eine ausreichende Menge Eiswürfel oder Crushed Ice. Am besten schon ein paar Tage vor der Party in den Gefrierschrank legen.

Keller oder Kühlschrank?

Wenn die Speisen fertig zubereitet sind, stellt sich die Frage: Wohin damit, bis die Gäste kommen? Erste Wahl ist natürlich der Kühlschrank, doch irgendwann ist selbst der größte Kühlschrank voll. Viele Leckereien können aber auch in einem kühlen Keller oder (je nach Jahreszeit) auf dem Balkon deponiert werden (zum Beispiel der Schoki-Bruch mit Salzbrezel-Topping auf Seite 44 oder die Laugenstückchen »Bavarian Style« auf Seite 99 – denn eiskalt schmeckt der Obatzda nur halb so aromatisch). Manche Snacks müssen auch gar nicht kalt gestellt werden, sondern können bis zum Eintreffen der Gäste einfach mit Klarsichtfolie abgedeckt werden.

Servietten nicht vergessen

Gerade bei einer Fingerfood-Party braucht man eines ganz besonders nötig: Servietten. Denn viele der Häppchen werden ja direkt mit der Hand verspeist. Da bleibt es nicht aus, dass der eine oder andere Tropfen Sauce oder Dip auch mal an die Finger gerät. Am besten platzieren Sie Servietten an verschiedenen Stellen: auf den Servier-Tabletts, auf den Stehtischen und am Buffet. Besonders praktisch sind Papier-Servietten. Es gibt sie in vielen tollen Dekoren, da ist sicher auf für Ihre Party das Passende dabei.

Helfer helfen

Wenn Sie der Gastgeber einer großen Party sind, kann es sinnvoll sein, sich professionelles Personal zur Hilfe zu holen. Diese versorgen die Gäste mit Getränken und reichen die Tabletts mit dem »Flying Buffet« herum. So haben Sie als Gastgeber die Möglichkeit, sich voll und ganz Ihren Gästen zu widmen und in Ruhe Gespräche führen zu können. Auch ein DJ oder gar eine Band sind eine Bereicherung für eine Party. Bei kleineren Feiern greifen Ihnen vielleicht auch Helfer aus der näheren Umgebung unter die Arme: Nachbarn, Freunde und Verwandte zum Beispiel. Denn gemeinsam macht die Vorbereitung noch mehr Spaß!

Rezepte

Knabbereien

Kale-Chips

mit Sesamsaat

25 Minuten | Für 2–3 Portionen

150 g Grünkohl
5 EL Olivenöl
1 TL Sesamsaat
Meersalz
½ TL edelsüßes Paprikapulver
½ TL Kreuzkümmelpulver

1. Backofen auf 160 °C (Ober-/Unterhitze) vorheizen. Grünkohl putzen, waschen und in grobe Stücke schneiden, dabei dicke Blattrippen entfernen. Sehr gut abtropfen lassen oder trockenschleudern. Olivenöl, Sesam, etwas Salz, Paprikapulver und Kreuzkümmel mischen. Grünkohl mit den Händen gründlich untermischen.

2. Grünkohl auf einem mit Backpapier belegten Blech verteilen und im Backofen 15–20 Minuten backen, dabei einen Holzlöffel in die Ofentür stecken. Nach etwa der Hälfte der Backzeit Chips wenden und weiterbacken. Herausnehmen und auskühlen lassen.

Tipp Sie wollen mehr? Dann einfach die doppelte oder dreifache Menge zubereiten und Bleche nacheinander backen.

Variante Wirsing-Erdnuss-Chips

± 0 Minuten

150 g Wirsing
2 EL geröstete, gesalzene Erdnusskerne
5 EL Erdnussöl
1 TL Currypulver

Wirsing wie oben beim Grünkohl beschrieben vorbereiten. Erdnusskerne hacken. Mit Wirsing, Erdnussöl, etwas Salz und Currypulver mischen. Wirsingchips wie oben beschrieben backen.

Shortbread

mit Parmesan und Chili

25 Minuten | Für ca. 30 Stück

30 g Parmesan
100 g Butter
150 g Weizenmehl Type 405
Chiliflocken
Salz
frisch gemahlener weißer Pfeffer
Mehl für die Arbeitsfläche

1. Backofen auf 150 °C (Umluft) vorheizen. Parmesan fein reiben. Dann mit Butter, Mehl, Chiliflocken, Salz und Pfeffer mit den Knethaken des Handrührgerätes zu einem krümeligen Teig verarbeiten. Mit den Händen zu einem glatten Teig kneten und zu einer Kugel formen.

2. Teig auf bemehlter Arbeitsfläche 5–8 mm dick ausrollen und in Streifen (à etwa 7 x 2 cm) schneiden. Teigstreifen mit etwas Abstand auf ein mit Backpapier belegtes Backblech legen. Nach Wunsch mit einem Holzstäbchen Löcher in das Shortbread stechen. Shortbread in etwa 15 Minuten goldbraun backen.

Variante Emmentaler-Thymian-Shortbread

± 0 Minuten
30 g Emmentaler
gerebelter Thymian

Emmentaler fein reiben und mit Butter, Mehl, Thymian, Salz und Pfeffer zu einem krümeligen Teig verarbeiten. Dann wie oben beschrieben zu Shortbreads formen und backen.

Wasabi-Cracker

mit Matchatouch

25 Minuten | Für ca. 30 Stück

30 g Puderzucker
2 g Matchapulver
(japanischer Grüntee)
3 Eiweiß (Größe M)
4 EL Sojaöl
(alternativ Rapskernöl)
1 TL Wasabipaste
25 g Weizenmehl Type 405
100 g goldener Leinsamen
Salz

1. Backofen auf 175 °C (Umluft) vorheizen. Puderzucker und Matchapulver mischen und sieben. Eiweiß anschlagen, dann Zucker-Matcha-Mix zufügen und steif schlagen. Öl und Wasabipaste unterziehen. Mehl, Leinsamen und etwas Salz mischen und unterheben. Teig 5 Minuten quellen lassen.

2. Mit einem Esslöffel kleine Teigkleckse auf ein mit Backpapier belegtes Backblech setzen und 10–12 Minuten backen.

Variante Senf-Sesam-Cracker

± 0 Minuten
1 TL Senfpulver
100 g Sesamsaat

Eiweiß mit gesiebtem Puderzucker steif schlagen, dann Öl und Senfpulver statt Wasabi unterheben. Mehl, Sesam und etwas Salz mischen und unterziehen. Dann wie oben beschrieben weiter verfahren und backen.

WASABI

Teufelsaugen
mit Speckkonfitüre

30 Minuten | Für ca. 24 Stück

Für den Mürbeteig
150 g Butter
300 g Weizenmehl Type 405
2 Eigelb (Größe M)
Salz

Für die Speckkonfitüre
50 g geräucherter durchwachsener Speck
1 Schalotte
1 EL Tomatenmark
2 EL Balsamico-Essig
3 EL brauner Zucker
Cayennepfeffer
Zimtpulver
Salz

1. Für den Mürbeteig Butter in Stücke schneiden. Dann mit Mehl, Eigelb, 3 EL kaltem Wasser und etwas Salz mit den Händen zu einem glatten Teig verkneten. In Folie gewickelt etwa 15 Minuten kalt stellen.

2. Für die Speckkonfitüre vom Speck die Schwarte entfernen, dann in sehr feine Streifen, danach in dünne Stifte und schließlich in feine Würfel schneiden. Schalotte abziehen und fein würfeln. Speck, Schalotte, Tomatenmark, Essig, braunen Zucker, 1 Prise Cayennepfeffer, 1 Prise Zimt sowie etwas Salz in einem Topf aufkochen und zugedeckt etwa 10 Minuten zu einer Konfitüre einkochen lassen. Backofen auf 200 °C (Ober-/Unterhitze) vorheizen.

3. Aus dem Teig walnussgroße Kugeln formen und auf ein mit Backpapier belegtes Backblech legen. In die Mitte jeder Kugel eine Mulde drücken. Speckkonfitüre großzügig darin verteilen. Teufelsaugen etwa 12 Minuten backen.

Variante Teufelsaugen mit Hot-Tomato-Konfitüre

± 0 Minuten
1 kleine rote Chilischote (alternativ Chilipulver)
250 g Strauchtomaten
1 EL Sojasauce

Für die Hot-Tomato-Konfitüre Chili abbrausen, längs aufschneiden, entkernen und sehr fein hacken. Tomaten waschen, vierteln, Kerne entfernen und Fruchtfleisch sehr fein würfeln. Chili, Tomaten, Schalotte, Sojasauce, Balsamico-Essig, braunen Zucker und Salz in einem Topf aufkochen und etwa 10 Minuten zu einer Konfitüre einkochen lassen. Konfitüre in die Mulden der Teigkugeln füllen und wie oben beschrieben backen.

Grissini-Duo

mit Schalotten oder Oliven

25 Minuten | Für ca. 8 Stück

Für den Teig
150 g Weizenmehl Type 405
½ TL Backpulver
Salz
125 ml Milch
30 g Butter

Für das Topping
2 Schalotten
6 schwarze Oliven (ohne Stein)

Außerdem
etwas Olivenöl zum Bestreichen
Mehl für die Arbeitsfläche

1. Alle Zutaten für den Teig mit den Knethaken des Handrührgerätes zu einem leicht klebrigen Teig verrühren. Auf einer gut bemehlten Arbeitsfläche mit den Händen weiterkneten, bis er geschmeidig ist. Backofen auf 225 °C (Ober-/Unterhitze) vorheizen.

2. Schalotten abziehen und fein würfeln. Oliven ebenfalls fein würfeln. Teig in 8 Portionen teilen und diese jeweils auf der bemehlten Arbeitsfläche zu etwa 20 cm langen Stangen rollen. Auf ein mit Backpapier belegtes Blech legen und Stangen etwas flacher drücken. Alle Stangen mit Olivenöl bestreichen. Die Hälfte der Stangen mit Schalottenwürfeln bestreuen, die andere Hälfte mit Olivenwürfeln. Dann in etwa 12 Minuten goldgelb backen.

Variante Rosmarin-Grissinikringel

± 0 Minuten
2 Zweige Rosmarin
grobes Meersalz

Rosmarin abbrausen, trockentupfen, Nadeln grob hacken. Teig zu etwa 15 cm langen Stangen rollen und diese zu einem Kringel zusammenlegen. Auf ein mit Backpapier belegtes Blech legen und Kringel etwas flacher drücken. Kringel mit Olivenöl einpinseln und mit Rosmarin und Meersalz bestreuen. Wie oben beschrieben backen.

Spinat-Krapfen mit Apfelraspeln

20 Minuten | Für ca. 16 Stück

50 g frischer Spinat
1 kleiner Apfel
125 g Kichererbsenmehl (z. B. aus dem Bioladen)
25 g Weizenmehl Type 405
½ TL Backpulver
Salz
frisch gemahlener schwarzer Pfeffer
1 Ei (Größe M)
Öl zum Frittieren

1. Spinat waschen, abtropfen lassen und fein hacken. Apfel schälen, vierteln, entkernen und fein raspeln. Kichererbsenmehl, Mehl, Backpulver, etwas Salz und Pfeffer mischen. Spinat und Apfelraspel unter die trockenen Zutaten heben. Ei und 4–5 EL Wasser zufügen und alles zu einem zähen Teig verrühren. 5 Minuten quellen lassen.

2. Inzwischen das Öl erhitzen (etwa 175 °C; Holzlöffelprobe). Mit zwei Esslöffeln etwa 16 Nocken vom Teig abstechen und diese portionsweise im heißen Fett frittieren. Herausheben und auf Küchenpapier abtropfen lassen.

Variante Birnen-Nuss-Krapfen

± 0 Minuten

1 kleine Birne
30 g Haselnusskerne
150 g Weizenmehl Type 405
1 EL Zucker
4–5 EL Milch

Birne schälen, vierteln, entkernen und in kleine Würfel schneiden. Haselnusskerne hacken. Mehl, Backpulver, Zucker und etwas Salz mischen. Birnenwürfel, gehackte Haselnusskerne, Ei und Milch zu den trockenen Zutaten geben und alles zu einem zähen Teig verrühren. 5 Minuten quellen lassen, dann wie oben beschrieben zu Nocken formen und frittieren.

Popcorn mit karamellisiertem Speck

30 Minuten | Für ca. 6 Portionen

Für den karamellisierten Speck
8 Scheiben geräucherter durchwachsener Speck
2 TL Ahornsirup
Cayennepfeffer
granulierter Knoblauch

Für das Popcorn
neutrales Öl
60 g Popcorn-Mais
2 TL gerebelter Thymian

1. Backofen auf 175 °C (Ober-/Unterhitze) vorheizen. Speckscheiben auf ein mit Backpapier belegtes Backblech legen. Mit Ahornsirup bestreichen und mit Cayennepfeffer und Knoblauch bestreuen. Dann etwa 20 Minuten backen, dabei nach der Hälfte der Backzeit einmal wenden.

2. So viel Öl in einen großen Topf geben, dass der Boden gerade eben bedeckt ist, anschließend erhitzen. Dann Popcorn-Mais zufügen und den Deckel darauf setzen. Sobald die ersten Körner platzen, den Topf gelegentlich leicht schütteln. Wenn länger als 15 Sekunden kein Körnerplatzen mehr zu hören ist, Deckel abnehmen und Popcorn in eine Schüssel umfüllen. Noch heiß mit Thymian bestreuen und vermischen. Speck in kleine Stückchen brechen und ebenfalls unter das Popcorn ziehen.

Variante Oreo-Popcorn

- 15 Minuten
75 g weiße Schokolade
6 Oreo-Kekse (à ca. 28 g)

1. Popcorn wie oben beschrieben im Topf zubereiten. Inzwischen die Schokolade in grobe Stücke brechen und über einem warmen Wasserbad sanft schmelzen. Oreo-Kekse in einen Gefrierbeutel füllen und mit der Teigrolle fein zerbröseln. Alternativ Kekse im Blitzhacker fein zerbröseln.

2. Popcorn in eine Schüssel umfüllen, geschmolzene Schokolade darüber träufeln und vorsichtig untermischen. Dann die Keksbrösel zufügen und ebenfalls untermischen.

Tipp Für das Oreo-Popcorn: Besonders gut und gleichmäßig mischt sich das Popcorn mit der geschmolzenen Schokolade und den Keksbröseln, wenn Sie alles in eine Dose mit Deckel füllen, diese verschließen und kräftig schütteln.

Hartkäse-Crunch
mit Meersalz

20 Minuten | Für ca. 50 Chips

200 g Grana Padano
(oder Parmesan)
½ unbehandelte Zitrone
2 Zweige Thymian
2–3 TL Chiasamen
granulierter Knoblauch
Meersalz zum Bestreuen

1. Backofen auf 180 °C (Ober-/Unterhitze) vorheizen, Käse fein reiben. Zitrone heiß abbrausen, trockentupfen und die Schale fein abreiben. Thymian abbrausen, trockenschütteln, Blättchen abzupfen und hacken. Alles mit Chiasamen und granuliertem Knoblauch mischen.

2. Die Mischung gleichmäßig auf einem mit Backpapier belegten Backblech verteilen und 8–10 Minuten backen, bis der Käse geschmolzen ist. Herausnehmen, mit Meersalz bestreuen und auf dem Blech auskühlen lassen. Anschließend in ungleichmäßige Stücke brechen.

Variante Zucchini-Karotten-Crunch

+ 5 Minuten

½ kleine Zucchini (ca. 75 g)
Salz
1 kleine Karotte (ca. 50 g)

Zucchini raspeln und auf einem sauberen Geschirrtuch verteilen. Raspel mit etwas Salz bestreuen und kurz ziehen lassen. Karotte schälen, putzen und fein raspeln. Zucchiniraspel mithilfe des Küchentuchs gründlich auspressen, auseinander zupfen. Zucchiniraspel und Karottenraspel mit dem geriebenen Käse mischen. Wie oben beschrieben auf einem Blech verteilen und 10–15 Minuten backen.

Schoki-Bruch

mit Salzbrezel-Topping

15 Minuten (plus Wartezeit) | Für ca. 25 Stücke

300 g weiße Schokolade oder weiße Kuvertüre
1 TL Kokosöl
25 g Pistazienkerne
50 g kandierte Ingwerstücke
1 Handvoll Salzbrezeln

Weiße Schokolade bzw. Kuvertüre zusammen mit dem Kokosöl über einem warmen Wasserbad sanft schmelzen lassen. Inzwischen Pistazienkerne und Ingwerstücke grob hacken. Geschmolzene Schokolade in eine große Auflaufform füllen. Pistazien, Ingwer und Salzbrezeln darauf verteilen. Im Kühlschrank fest werden lassen und in Stücke brechen.

Variante Schoki-Bruch mit Espresso-Orangen-Topping

± 0 Minuten

300 g Zartbitterschokolade oder -kuvertüre
2–3 EL Kaffee- oder Espressobohnen
Abrieb von 1 unbehandelten Orange

Zartbitterschokolade bzw. -kuvertüre zusammen mit dem Kokosöl über einem warmen Wasserbad sanft schmelzen lassen. Inzwischen Kaffeebohnen in einem Mörser zerstoßen. Geschmolzene Schokolade in eine große Auflaufform füllen. Orangenabrieb und Kaffeebohnen darauf verteilen. Im Kühlschrank fest werden lassen und anschließend in Stücke brechen.

Häppchen am Spieß

Frischkäsekugeln
auf Salzstangen

20 Minuten | Für 16 Portionen

Für die Frischkäsebällchen
175 g Doppelrahmfrischkäse
1 TL mittelscharfer Senf
edelsüßes Paprikapulver
granulierter Knoblauch
Salz
frisch gemahlener weißer Pfeffer
50 g Appenzeller

Zum Wälzen
2–3 Stängel Petersilie
3 EL Röstzwiebeln
8 Salzstangen

1. Frischkäse mit Senf, Paprikapulver, Knoblauch, Salz und Pfeffer glatt verrühren. Appenzeller fein reiben und unter die Frischkäsemasse rühren. Mit angefeuchteten Händen etwa 16 kleine Bällchen aus der Creme formen.

2. Petersilie abbrausen, trockenschütteln und fein hacken. Röstzwiebeln in einen Gefrierbeutel füllen und mit einer Teigrolle etwas zerkleinern. Petersilie und Röstzwiebeln mischen und in eine kleine Schüssel geben. Frischkäsebällchen darin wälzen. Salzstangen halbieren und ein Frischkäsebällchen auf jede Salzstangenhälfte setzen.

Variante Bunte Mikado-Sticks

–10 Minuten
1 Pck. Bourbon-Vanillezucker
1 P. Keksstangen mit Zartbitterschokolade (75 g; ca. 33 Stangen; z. B. »Mikado«)
bunte Zuckerstreusel zum Wälzen

Frischkäse mit Bourbon-Vanillezucker glatt verrühren. 8 Keksstangen beiseite legen. Übrige Stangen in einen Gefrierbeutel füllen und mit einer Teigrolle etwas zerkleinern. Keksbrösel unter den Frischkäse rühren. Mit angefeuchteten Händen kleine Bällchen aus der Creme formen. Bunte Streusel in eine kleine Schüssel geben und Frischkäsebällchen darin wälzen. Die beseite gelegten Keksstangen halbieren und ein Frischkäsebällchen auf jede Keksstangenhälfte setzen.

Tipp Wälzen Sie die Frischkäsekugeln am besten erst kurz vor dem Servieren in der Röstzwiebel-Petersilien-Mischung bzw. den bunten Streuseln. So bleibt der »Mantel« schön knusprig.

Pizzaschnecken als Strohhalm-Lollis

30 Minuten | Für 14 Portionen

Für den Quark-Öl-Teig
125 g Magerquark
1 Ei (Größe M)
4 EL Vollmilch
4 EL neutrales Öl
Salz
250 g Weizenmehl Type 405
½ Pck. Backpulver

Für den Belag
4 EL Tomatenmark
Salz
frisch gemahlener schwarzer Pfeffer
50 g Salami am Stück
gerebelter Oregano
100 g Gouda

Außerdem
Mehl für die Arbeitsfläche
14 hübsche Papier-Strohhalme

1. Backofen auf 200 °C (Ober-/Unterhitze) vorheizen. Quark, Ei, Milch, Öl und Salz verrühren. Mehl und Backpulver mischen, zu der Quark-Öl-Mischung geben und mit den Knethaken des Handrührgerätes zu einem glatten Teig verkneten. Noch kurz mit den Händen durchkneten und auf leicht bemehlter Arbeitsfläche zu einem Rechteck von etwa 30 x 40 cm ausrollen.

2. Tomatenmark mit Salz und Pfeffer glatt rühren und den Teig damit bestreichen. Salami in kleine Würfel schneiden und darauf verteilen. Oregano darüberstreuen. Gouda reiben und auf der Pizza verteilen.

3. Teig von der Längsseite her aufrollen. Pizzarolle mit einem scharfen Messer in 14 Scheiben schneiden. Auf ein mit Backpapier belegtes Backblech legen und 12–15 Minuten backen. Herausnehmen und noch warm auf die Strohhalme stecken.

Variante Elsässer Pizzaschnecken

± 0 Minuten
1 rote Zwiebel
100 g Crème fraîche
50 g Speck- oder Schinkenwürfelchen

Zwiebel abziehen und in feine Würfel schneiden. Quark-Öl-Teig wie oben beschrieben ausrollen. Crème fraîche mit Salz und Pfeffer verrühren. Teig damit bestreichen und mit Speckwürfeln bestreuen. Wie oben beschrieben weiter verfahren und auf Strohhalme stecken.

Falafel-Pops
in Erdnusssauce

30 Minuten | Für 20 Portionen

Für die Falafel-Pops
1 Zwiebel
1 Knoblauchzehe
3 Stängel Petersilie
240 g Kichererbsen (Dose)
1 Eigelb (Größe M)
2 EL Weizenmehl Type 405
1 EL Paniermehl
Salz | frisch gemahlener schwarzer Pfeffer

Für die Erdnusssauce
2 EL Erdnussbutter
3 EL Naturjoghurt
1 EL Limettensaft
1 TL Sojasauce

Außerdem
Öl zum Frittieren
einige Radieschen
ein kleines Stück Zucchini
20 kurze Holzspieße

1. Für die Falafel-Pops Zwiebel und Knoblauch abziehen und klein würfeln. Kichererbsen in einem Sieb abspülen und abtropfen lassen. Petersilie abbrausen und trockenschütteln. Alles mit Eigelb, Mehl und Paniermehl im Standmixer oder in der Küchenmaschine zu einer Farce pürieren, mit Salz und Pfeffer abschmecken. Mit angefeuchteten Händen etwa 20 Bällchen daraus formen. Öl in einem Topf erhitzen (etwa 175 °C; Holzlöffelprobe). Bällchen portionsweise (3–4 Stück) in 4–5 Minuten goldbraun ausbacken, herausnehmen, auf Küchenpapier abtropfen lassen.

2. Für die Erdnusssauce Erdnussbutter, Joghurt, Limettensaft und Sojasauce mit dem Stabmixer pürieren. Mit Pfeffer abschmecken.

3. Radieschen und Zucchini putzen, waschen und jeweils in sehr dünne Scheiben schneiden. Je ein Kichererbsen-Bällchen, eine Scheibe Zucchini und eine Scheibe Radieschen auf ein kurzes Spießchen stecken und mit Erdnusssauce servieren.

Variante Kidneybohnen-Bällchen in Erdnusssauce

± 0 Minuten
250 g Kidneybohnen (Dose)
1 TL mittelscharfer Senf
3 EL feine Haferflocken
2 EL Röstzwiebeln
1 TL Kreuzkümmelpulver

Kidneybohnen in einem Sieb abspülen und abtropfen lassen. Mit Zwiebel, Knoblauch, Petersilie, Eigelb, Senf, Mehl, Paniermehl, Haferflocken und Röstzwiebeln pürieren, mit Salz, Pfeffer und Kreuzkümmel abschmecken. Wie oben beschrieben Bällchen daraus formen, frittieren und als Spießchen mit Erdnusssauce servieren.

XS-Turbo-Burger
mit Rindfleisch-Patty

30 Minuten | Für etwa 12 Stück

Für die Brötchen/Buns
175 g Weizenmehl Type 405
2 gestrichene TL Backpulver
Salz | 25 g Butter
1 Ei | 75 g Buttermilch
1–2 EL Milch zum Bestreichen
2 EL Sesamsaat zum Bestreuen

Für die Pattys
250 g gemischtes Hackfleisch
1 TL mittelscharfer Senf
1 Ei | 2 EL Semmelbrösel
1 Prise Salz | frisch gemahlener schwarzer Pfeffer

Außerdem
3 Tomaten
3 große Scheiben Gouda
einige Salatblätter
2 EL Ketchup
2 EL Mayonnaise
12 kurze Holzpicker

1. Backofen auf 190 °C (Umluft) vorheizen. Für die Buns Mehl, Backpulver und Salz mischen. Butter in Flöckchen zugeben und krümelig kneten. Ei und Buttermilch schaumig schlagen. Mehlmischung dazugeben und verkneten. Teig etwa 1 ½ cm dick ausrollen und 12 Kreise ausstechen. Kreise auf ein mit Backpapier belegtes Backblech legen. Mit Milch bestreichen und mit Sesam bestreuen.

2. Für die Pattys alle Zutaten gut miteinander verkneten. Etwa 12 flache Mini-Pattys (im Durchmesser der Buns) daraus formen und auf ein zweites mit Backpapier belegtes Backblech legen. Beide Bleche zusammen (unterste Schiene für die Pattys, mittlere Schiene für die Buns) 12–15 Minuten backen.

3. Tomaten waschen und in dünne Scheiben schneiden. Käsescheiben vierteln. Salatblätter waschen und trockenschleudern. Bleche herausnehmen und etwas abkühlen lassen. Brötchen aufschneiden und mit Pattys, Tomaten, Käse, Salat, Ketchup und Mayonnaise füllen. Burger jeweils mit einem Holzpicker fixieren.

Variante XS-Turbo-Burger mit Polenta-Patty

± 0 Minuten
375 ml Gemüsebrühe
100 g Polenta (Maisgrieß)
1 unbehandelte Zitrone
2 EL Sesamsaat
1 EL Olivenöl

Für die Pattys Brühe aufkochen, Polenta einrühren, aufkochen und etwa 10 Minuten quellen lassen. Zitronenschale abreiben, Frucht auspressen. Alles mit Sesam und Olivenöl mischen, salzen und pfeffern. 12 flache Mini-Pattys formen. Wie beschrieben mit den Brötchen backen und zu Burgern zusammensetzen.

Surf & Turf

am Spieß mit Mango-Gurken-Salsa

25 Minuten | Für 6 Spieße

Für die Spieße
12 rohe Garnelen mit Schale
2 Hähnchenbrustfilets
(à ca. 125 g)
1 Eiweiß | Salz
50 g Pankobrösel
25 g Kokosraspel

Für die Mango-Gurken-Salsa
½ Mango
100 g Salatgurke
2 EL Weißweinessig
2 EL Orangensaft
2 EL Olivenöl
frisch gemahlener weißer Pfeffer | 1 Prise Zucker

Außerdem
Fett zum Frittieren
6 Holzspieße

1. Garnelen bis auf die Schwanzflosse schälen. Am Rücken einschneiden und den schwarzen Darm entfernen. Garnelen und die Hähnchenbrustfilets kalt abbrausen und trockentupfen. Filets in Würfel schneiden.

2. Eiweiß mit etwas Salz verquirlen. Panko und Kokosraspel mischen. Garnelen und Hähnchenwürfel erst im Eiweiß und dann in der Panko-Kokos-Mischung wenden. Panade leicht andrücken. Je 3–4 Teile im heißen Öl (etwa 175 °C; Holzlöffelprobe) etwa 3 Minuten knusprig frittieren. Abwechselnd Garnelen und Hähnchenwürfel auf Holzspieße stecken.

3. Für die Salsa die Mango schälen und das Fruchtfleisch vom Stein schneiden, dann fein würfeln. Gurke waschen, längs halbieren, Kerne entfernen und Gurke fein würfeln. Essig, Saft und Öl zu einer Vinaigrette verrühren. Mit Salz, Pfeffer und Zucker abschmecken. Mango- und Gurkenwürfelchen dazugeben. Salsa zu den Spießen servieren.

Variante Kernige Lachs-Puten-Spießchen

± 0 Minuten
250 g Lachsfilet
250 g Putenbrustfilet
2 Eier
100 g feine Haferflocken
2–3 EL neutrales Öl

Lachs und Putenbrustfilet kalt abbrausen, trockentupfen und grob würfeln. Eier mit Salz und Pfeffer verquirlen. Lachs- und Putenwürfel erst im Ei, dann in den Haferflocken wenden. Panade gut andrücken. Würfel in heißem Öl in 3–4 Minuten knusprig braten. Auf kleine Holzspieße stecken und die Mango-Gurken-Salsa dazu servieren.

Tipp In der japanischen Küche wird gern mit Panko paniert. Diese Brösel werden aus Weißbrot ohne Kruste hergestellt und sind deshalb hell. Sie sorgen für eine luftig-knusprige Panade. Ersatzweise können Sie auch ganz normale Semmelbrösel verwenden.

Rouladen-Minis

am Stiel mit Fruchtfüllung

20 Minuten | Für 16 Spieße

Für die Rouladen-Minis
4 kleine Schweineschnitzel (à ca. 125 g)
Salz
frisch gemahlener schwarzer Pfeffer
2 EL Ajvar
8 Soft-Pflaumen
8 Soft-Aprikosen
8 Holzspieße
neutrales Öl zum Braten

Für den Honig-Senf-Dip
50 g flüssiger Honig
75 g mittelscharfer Senf
½ Bund Dill

1. Schweineschnitzel kalt abbrausen, mit Küchenpapier trockentupfen und zwischen zwei Lagen Frischhaltefolie flacher klopfen. Schnitzel längs jeweils in vier Streifen schneiden. Jeden Streifen mit Salz und Pfeffer würzen und dünn mit Ajvar bestreichen. Jeweils eine getrocknete Pflaume bzw. Aprikose auf jeden Streifen legen und aufrollen. Mit einem Holzspieß fixieren. Etwas Öl in einer Pfanne erhitzen und Rouladen-Minis darin etwa 10 Minuten rundherum braten.

2. Honig und Senf glatt rühren. Dill abbrausen, trockenschütteln und Blättchen fein hacken. Dill unter den Dip rühren. Zu den Rouladen-Minis servieren.

Variante Fruchtige Bacon-Röllchen

– 5 Minuten
40 g Gouda am Stück
8 Scheiben Bacon (Frühstücksspeck)

Kase in kleine Würfel schneiden. Pflaumen und Aprikosen jeweils mit einem Käsewürfel füllen. Baconscheiben halbieren. Jeweils ein Stück um jede Frucht wickeln. Mit Spießen fixieren und in einer Pfanne in heißem Öl 5–7 Minuten knusprig braten. Mit Honig-Senf-Dip servieren.

Marshmallows

mit salzigem Schoko-Topping

10 Minuten | Für 12 Spieße

100 g Vollmilchschokolade
oder -kuvertüre
12 große Marshmallows
1 TL Fleur de Sel
1–2 TL Lakritzstreusel
(z. B. von Dr. Oetker)
12 Holzspieße

Vollmilchschokolade bzw. -kuvertüre über einem warmen Wasserbad sanft schmelzen. Marshmallows bis zur Hälfte in die Schokolade tauchen und mit der Schokoseite nach oben auf Backpapier setzen. Sofort mit Fleur de Sel und/oder Lakritzstreuseln bestreuen. Fest werden lassen. Dann Holzspieße hineinstecken.

Variante Zuckerstangen-Marshmallows

± 0 Minuten
100 g weiße Schokolade oder
weiße Kuvertüre
½ kleine rot-weiße
Zuckerstange
3 harte Karamell-Bonbons

Weiße Schokolade bzw. Kuvertüre über einem warmen Wasserbad sanft schmelzen. Zuckerstange und Karamell-Bonbons hacken oder in einen großen Gefrierbeutel geben, auf ein Brett legen und mit einem Stieltopf zu Splittern zerstoßen. Marshmallows bis zur Hälfte in die Schokolade tauchen und mit der Schokoseite nach oben auf Backpapier setzen. Sofort mit Zuckerstangensplittern und/oder Karamellsplittern bestreuen. Fest werden lassen. Dann Holzspieße hineinstecken.

Sandwich-kinder

Crostini-Whopper
mit Antipasti-Creme

25 Minuten | Für 15 Whopper

Für die Crostini-Scheiben

1 Baguettebrot (ca. 300 g)
5–6 EL Olivenöl
Salz

Für die Antipasti-Creme

75 g Parmesan
100 g eingelegtes Antipasti-Mix-Gemüse
250 g Ricotta
3–4 EL Milch
Salz
frisch gemahlener weißer Pfeffer

1. Backofen auf 180 °C (Ober-/Unterhitze) vorheizen. Baguette in etwa 1 cm dünne Scheiben schneiden und auf einen Backofenrost legen. Brot mit Olivenöl bestreichen und mit Salz bestreuen. Dann auf der mittleren Schiene etwa 5 Minuten rösten. Umdrehen und weitere 5 Minuten backen. Herausnehmen und abkühlen lassen.

2. Inzwischen für die Antipasti-Creme Parmesan fein reiben. Antipasti-Gemüse in kleine Würfel schneiden. Ricotta mit Milch glatt rühren. Parmesan und Antipasti-Gemüse unterheben. Mit Salz und Pfeffer abschmecken. Die Hälfte der Crostini mit der Creme bestreichen. Übrige Crostini daraufsetzen.

Variante Crostini-Whopper mit Gorgonzola-Feigen-Creme

± 0 Minuten
3–4 Soft-Feigen
75 g cremiger Gorgonzola-Käse
175 g Doppelrahmfrischkäse

Soft-Feigen grob hacken. Gorgonzola mit einer Gabel zerdrücken, dann mit Frischkäse und Milch glatt verrühren. Feigenstückchen unterheben. Mit Salz und Pfeffer abschmecken und auf die gerösteten Brotscheiben streichen.

Tipp Falls Sie kein eingelegtes Antipasti-Gemüse dahaben, können Sie alternativ auch 50 g geröstete Paprika und 50 g Artischockenherzen aus dem Glas verwenden.

Sandwich-Sticks mit grüner Mayo

15 Minuten | Für 12 Sticks

Für die grüne Mayonnaise

1 kleine Avocado
1 Bund Basilikum
2 Knoblauchzehen
100 g Mayonnaise
1–2 EL Zitronensaft
Salz | frisch gemahlener weißer Pfeffer

Für die Sandwiches

8 Scheiben Sandwichtoast
½ Salatgurke
1 Mozzarella-Rolle (250 g)
½ Kopf Romana-Salat
1 Kästchen Kresse

1. Für die Mayonnaise Avocado halbieren, Kern entfernen und das Fruchtfleisch aus der Schale lösen, grob würfeln. Basilikum abbrausen und trockenschütteln. Knoblauch abziehen und grob hacken. Avocado, Basilikum, Knoblauch, Mayonnaise und Zitronensaft fein pürieren. Salzen und pfeffern.

2. Toast entrinden. Gurke waschen und in dünne Scheiben schneiden. Mozzarella ebenfalls in dünne Scheiben schneiden. Salat in Blätter teilen, waschen und trockenschleudern. Kresse abschneiden. Auf 4 Brotscheiben etwas grüne Mayonnaise streichen. Mit Gurke, Mozzarella, Salat und Kresse belegen. Übrige Brotscheiben darauf setzen. Sandwiches in drei Streifen (Sticks) schneiden. Jeden Stick mittig mit Pergament- oder Backpapier einwickeln und ein Band darum schnüren.

Variante Sandwich-Sticks mit Tomatencreme

10 Minuten

3 EL Tomatenmark
2 EL Ajvar
3 EL Schmand
1–2 EL Olivenöl
1 TL Zitronensaft
edelsüßes Paprikapulver
Zucker
3 Tomaten
50 g geröstete Paprika (Glas)
1 Kopf Radicchio

1. Für die Tomatencreme Tomatenmark, Ajvar, Schmand, Öl und Zitronensaft glatt verrühren. Mit Paprikapulver, Zucker, Salz und Pfeffer abschmecken.

2. Tomaten waschen und in dünne Scheiben schneiden. Geröstete Paprika abtropfen lassen und in Stücke schneiden. Radicchio in Blätter teilen, waschen und trockenschleudern. 4 Brotscheiben wie oben beschrieben mit der Tomatencreme bestreichen und mit den weiteren Zutaten belegen. Übrige Brotscheiben darauf setzen, in Sticks schneiden und anrichten.

Black & White

Tramezzini mit Thunfisch-Rillettes

15 Minuten | Für 16 Stück

Für die Thunfisch-Rillettes

2 Dosen Thunfisch im eigenen Saft (à 185 g)
3 Schalotten
100 g Crème fraîche
2 Zweige Thymian
1–2 TL Anisschnaps (optional)
Salz
frisch gemahlener weißer Pfeffer

Außerdem

8 Scheiben Sandwichtoast
8 dünne Scheiben Kasten-Vollkornbrot (etwa in Größe der Sandwichtoastscheiben)

1. Für die Thunfisch-Rillettes Thunfisch abtropfen lassen und in sehr kleine Stücke zupfen. Schalotten abziehen und in sehr feine Würfel schneiden. Thunfisch, Schalotten und Crème fraîche verrühren. Thymian abbrausen, trockenschütteln, Blättchen abzupfen und fein hacken. Thymian unter die Thunfisch-Rillettes rühren und mit Anisschnaps, Salz und Pfeffer abschmecken.

2. Brotscheiben entrinden. Jeweils 4 Scheiben Toast und Vollkornbrot mit Thunfisch-Rillettes bestreichen, mit den übrigen Brotscheiben bedecken, diese leicht andrücken. Die Doppelbrote mit einem scharfen Messer jeweils diagonal halbieren.

Variante Black & White Tramezzini mit Leber-Paté

± 0 Minuten

½ Bund Schnittlauch
4 Gewürzgurken
300 g feine geräucherte Leberwurst
5–6 EL süße Sahne

Für die Leber-Paté Schnittlauch abbrausen, trockenschütteln und in feine Röllchen schneiden. Gewürzgurken abtropfen lassen und in kleine Würfel schneiden. Leberwurst und Sahne zu einer glatten Creme verrühren. Schnittlauch und Gurkenwürfelchen unterrühren. Mit Salz und Pfeffer abschmecken. Wie oben beschrieben auf beide Brotsorten streichen und zu Sandwiches zusammensetzen.

Tipp Falls Sie kein Tramezzini-Brot in Ihrem Supermarkt finden, können Sie anstelle von 4 Scheiben Tramezzini-Brot auch 8 Scheiben Sandwichtoast verwenden. Dann am besten den Rand abschneiden.

Tramezzini im Schnittlauchmantel

20 Minuten | Für 8 Stück

Für die Apfel-Sellerie-Creme

3 Stangen Staudensellerie
1 kleiner säuerlicher Apfel
1 EL Zitronensaft
ca. 65 g Mayonnaise
50 g Schmand
Salz
frisch gemahlener weißer Pfeffer

Außerdem

2 Bund Schnittlauch
4 Scheiben Tramezzini-Brot (à ca. 10 x 23 cm)
125 g gekochter Schinken in hauchdünnen Scheiben

1. Sellerie putzen, waschen und fein reiben. Apfel waschen, vierteln, Kerngehäuse entfernen und das Fruchtfleisch reiben, sofort mit Zitronensaft mischen. Sellerie und Apfel mit 50 g Mayonnaise und Schmand verrühren. Mit Salz und Pfeffer würzen.

2. Schnittlauch abbrausen, trockenschütteln und in feine Röllchen schneiden. Auf einem flachen Teller verteilen. Zwei Scheiben Tramezzini-Brot mit dem Schinken belegen und Apfel-Sellerie-Salat darauf verteilen. Übrige zwei Brotscheiben darauf legen. Die Tramezzini erst in der Mitte durchschneiden und dann diagonal in Dreiecke schneiden. Sandwichseiten dünn mit übriger Mayonnaise bestreichen und danach behutsam in den Schnittlauch drücken.

Variante Kürbis-Tramezzini im Mohnmantel

+ 5 Minuten

150 g Hokkaidokürbis-Fruchtfleisch
1 EL Rapsöl
150 g Doppelrahmfrischkäse
2–3 EL Kürbiskernöl
3–4 EL Mohnsamen

1. Kürbis-Fruchtfleisch in Würfel schneiden. Rapsöl in einer Pfanne erhitzen und Kürbis darin etwa 5 Minuten andünsten, etwas abkühlen lassen.

2. Kürbiswürfel, Frischkäse und Kürbiskernöl in einem Standmixer fein pürieren. Mit Salz und Pfeffer abschmecken. Kürbiscreme wie oben beschrieben auf die Tramezzini-Scheiben streichen und Dreiecke zuschneiden. Den Mohn auf einem flachen Teller verteilen. Die Tramezzini-Seiten dünn mit etwas Mayonnaise bestreichen und danach im Mohn wälzen.

Hot Dog »Mac and Cheese«

20 Minuten | Für 8 Stück

200 g Bucatini- oder Makkaroni-Nudeln
Salz
2 EL Butter
3 EL Weizenmehl Type 405
300–350 ml Gemüsebrühe
300 ml fettarme Milch
1 TL mittelscharfer Senf
150 g Cheddar-Käse
8 Hot-Dog-Würstchen
8 Hot-Dog-Brötchen

1. Nudeln in reichlich Salzwasser nach Packungsanweisung bissfest kochen.

2. Butter in einem kleinen Topf schmelzen, Mehl daraufsieben und anschwitzen. Brühe und Milch angießen, aufkochen und 2–3 Minuten köcheln lassen. Senf einrühren. Käse fein reiben und portionsweise unter Rühren in der Sauce schmelzen lassen. Nudeln abgießen, abtropfen lassen und dazugeben.

3. Würstchen in wenig Wasser erhitzen. Brötchen aufschneiden. Jeweils mit einem Würstchen und etwas Mac and Cheese füllen.

Variante Hot Dog »Fisch ahoi« mit Gurkensalat

+ 10 Minuten

1 Salatgurke
Salz
3 EL Weißweinessig
1 Prise Zucker
frisch gemahlener weißer Pfeffer
3 EL Rapskernöl
16 TK-Fischstäbchen
1–2 EL neutrales Öl
100 g Remoulade

1. Für den Gurkensalat die gewaschene Gurke in feine Scheiben hobeln. Mit Salz bestreuen und 5 Minuten ziehen lassen. Essig mit Zucker und Pfeffer verquirlen, Rapskernöl darunter schlagen. Gurkenwasser von den Gurken abgießen und Gurkenscheiben mit der Vinaigrette mischen.

2. Öl in einer Pfanne erhitzen und Fischstäbchen darin in zwei Portionen rundherum 5–8 Minuten braten. Herausnehmen und auf Küchenpapier abtropfen lassen. Hot-Dog-Brötchen aufschneiden und mit Gurkensalat, je 2 Fischstäbchen und Remoulade füllen.

11.2FL.OZ.
Product of Japan
SPICES AND ORANGE JUICE.

Hawaii-Croque

unter Käsekrüstchen

20 Minuten | Für 8 Stück

200 g Gruyère-Käse
8 Scheiben Graubrot
6 TL mittelscharfer Senf
8 Scheiben gekochter Schinken
1–2 EL neutrales Öl
4 EL Crème fraîche
Salz
frisch gemahlener weißer Pfeffer
8 Scheiben Ananas (frisch oder aus der Dose)
1 TL frisch gehackte Petersilie

1. Backofengrill vorheizen. Käse fein reiben. Alle Graubrotscheiben mit Senf bestreichen. 4 Scheiben mit dem Schinken belegen und mit der Hälfte Käse bestreuen. Übrige Scheiben mit der Senfseite darauflegen. Doppelbrote halbieren und im heißen Öl von beiden Seiten 2–3 Minuten goldbraun anbraten.

2. Brote auf ein mit Backpapier belegtes Backblech legen. Crème fraîche mit Salz und Pfeffer verrühren. Brote damit bestreichen. Jeweils eine Scheibe Ananas darauf legen. Mit übrigem Käse bestreuen. Unter dem Backofengrill etwa 5 Minuten überbacken. Mit der Petersilie bestreuen.

Variante Spiegelei-Croque mit selbst gemachten Röstzwiebeln

± 0 Minuten
1 große Zwiebel
1 TL Zucker
2 EL Weizenmehl Type 405
2–3 EL neutrales Öl
8 Eier (Größe S)

1. Zwiebel abziehen, halbieren, in Scheiben schneiden und in eine Schüssel geben. Mit 1 TL Salz und Zucker würzen. Schale mit einem Teller abdecken, schütteln und etwa 2 Minuten ziehen lassen. Dann Mehl darüberstauben und erneut schütteln, sodass sich das Mehl gut verteilt. In 1–2 EL heißem Öl in einer beschichteten Pfanne bei starker Temperatur und unter häufigem Wenden zu knusprigen Röstzwiebeln braten. Dann herausnehmen.

2. Übriges Öl in die Pfanne geben. Brote wie oben beschrieben bestreichen und belegen und in der Pfanne anbraten. Crème fraîche darauf streichen, Brote herausnehmen. Eier zu Spiegeleiern braten und statt Ananas auf die Brote setzen. Mit den Röstzwiebeln bestreuen.

Brot-Turm

mit Zwiebel-Rotwein-Relish

30 Minuten | Für 4 Brot-Türme

Für das Zwiebel-Rotwein-Relish

2 rote Zwiebeln
2 Zweige Thymian
2 EL brauner Zucker
150 ml Rotwein
2–3 EL Balsamico-Essig
40 g Gelierzucker 2:1
Salz
frisch gemahlener schwarzer Pfeffer

Außerdem

200 g Fontina-Käse
12 Scheiben Weizenmischbrot
2 EL Olivenöl

1. Zwiebeln abziehen und fein würfeln. Thymian abbrausen, trockenschütteln und Blättchen abzupfen, grob hacken. Zucker in einer Pfanne karamellisieren lassen, die Zwiebeln zugeben und unter ständigem Rühren etwa 2 Minuten anbraten. Mit Rotwein und Essig ablöschen. Gelierzucker und Thymian zufügen und alles bei geringer Temperatur etwa 20 Minuten einkochen lassen. Mit Salz und Pfeffer abschmecken.

2. Käse in Scheiben schneiden. 6 Brotscheiben mit Käse belegen und etwas Zwiebel-Rotwein-Relish daraufgeben. Übrige Brotscheiben darauflegen. Brotoberseiten mit Olivenöl beträufeln. Nacheinander in einem vorgeheizten Kontaktgrill 4–5 Minuten backen, bis das Brot goldbraun und der Käse zerlaufen ist. Brote halbieren und jeweils 3 Brothälften zu einem Turm zusammensetzen.

Variante Brot-Turm mit Basilikum-Radieschen-Butter

– 5 Minuten

1 Bund Radieschen
1 Bund Basilikum
200 g weiche Butter
Abrieb von ½ unbehandelten Zitrone
150 g Putenaufschnitt in dünnen Scheiben

1. Radieschen putzen, waschen und in feine Stifte schneiden. Basilikum abbrausen, trockenschütteln, Blättchen abzupfen und fein hacken. Butter mit Zitronenabrieb, Salz und Pfeffer würzen. Radieschen und Basilikum untermischen.

2. Die 6 Brotscheiben mit Radieschen-Basilikum-Butter bestreichen. Mit Putenaufschnitt belegen. Übrige Brotscheiben darauf setzen. Brote halbieren und jeweils 3 Brothälften zu einem Turm zusammensetzen.

Couscous-Burger »Orient Style«

30 Minuten | Für 4 Burger

Für die Couscous-Pattys
200 g Couscous
Salz | 1 EL Butter
4 Stängel Petersilie
2 Knoblauchzehen
4 Eier
1 TL Ras el Hanout (nordafrikan. Gewürzmischung)
frisch gemahlener schwarzer Pfeffer
2 EL neutrales Öl

Für die Rote-Bete-Creme
1 vorgegarte Knolle Rote Bete (ca. 150 g)
150 g Crème fraîche

Außerdem
1 ovales Fladenbrot
2 Fleischtomaten
¼ Salatgurke
einige Salatblätter

1. Couscous in 200 ml leicht gesalzenes, kochendes Wasser rühren und etwa 5 Minuten quellen lassen. Butter einrühren. Petersilie abbrausen, trockenschütteln und fein hacken. Knoblauch abziehen und durchpressen. Couscous, Petersilie, Knoblauch und Eier mischen. Mit Ras el Hanout, Salz und Pfeffer abschmecken. Kurz quellen lassen.

2. Aus der Couscous-Masse mit angefeuchteten Händen 8 Bratlinge formen und diese à 4 Portionen in heißem Öl braten, dabei einmal wenden.

3. Für die Creme die Zutaten pürieren, abschmecken. Backofen auf 220 °C (Ober-/Unterhitze) vorheizen.

4. Fladenbrot vierteln und waagerecht halbieren. Auf ein mit Backpapier belegtes Backblech legen und im Backofen kurz knusprig aufbacken. Tomaten und Gurke waschen und in dünne Scheiben schneiden. Salat waschen und trockenschleudern. Tomaten, Gurken, Salat, Pattys und Rote-Bete-Creme in die Fladenbrotviertel füllen.

Variante Mozzarella-Burger »Italian Style«

– 10 Minuten
1 Mozzarellarolle (250 g)
2 Eier | 8 EL Semmelbrösel
1-2 TL neutrales Öl
4 Ciabatta-Brötchen
4 EL Pesto

Für die Pattys Mozzarella in Scheiben schneiden. Eier, Salz und Pfeffer verquirlen. Mozzarella in Ei und Semmelbröseln jeweils zweimal wenden. Dann im heißen Öl beidseitig etwa 3 Minuten goldbraun braten. Ciabatta-Brötchen aufschneiden. Mit Mozzarella-Pattys, Pesto, Tomaten, Gurken und Salat füllen.

Süße Würfel
mit Lakritzsauce

15 Minuten | Für etwa 12 Würfel

Für die Lakritzsauce
100 g weiches Lakritz
125 g süße Sahne

Außerdem
4 Scheiben Mandelstuten
150 g Himbeeren
100 g Mascarpone

1. Für die Lakritzsauce weiches Lakritz grob hacken. Sahne in einem kleinen Topf aufkochen und Lakritz darin unter Rühren schmelzen. In ein Schüsselchen füllen und abkühlen lassen.

2. Mandelstuten entrinden. Himbeeren behutsam in einem Sieb abbrausen und abtropfen lassen. Dann 2 Scheiben Mandelstuten mit Mascarpone bestreichen. Himbeeren darauf setzen. Mit Lakritzsauce beträufeln. Übrige 2 Scheiben Mandelstuten darauf setzen und etwas andrücken. Brote in jeweils etwa 6 Würfel schneiden.

Variante Mandelstuten-Karamell-Würfel

+ 5 Minuten
170 g süße Sahne
75 g Zucker
2 Bananen
Zitronensaft zum Beträufeln

1. Für die Karamellsauce Sahne in einem Topf erhitzen. Zucker in einem anderen, breiten Topf goldbraun karamellisieren lassen. Mit der Sahne ablöschen. Bei geringer Temperatur 3–4 Minuten unter Rühren köcheln, bis der Karamell gelöst ist. In eine kleine Schüssel füllen und abkühlen lassen.

2. Bananen schälen und in Scheiben schneiden. Mit wenig Zitronensaft beträufeln. Stuten entrinden. Mascarpone, Bananenscheiben und Karamellsauce auf 2 Brotscheiben geben. Übrige Brotscheiben daraufsetzen. Brote in jeweils etwa 6 Würfel schneiden.

Gerollt & gefüllt

Rote-Bete-
Pfannkuchenröllchen

20 Minuten | Für 20 Röllchen

Für den Pfannkuchenteig

150 ml Rote-Bete-Saft
100 ml Vollmilch
2 Eier
100 g Weizenmehl Type 405
Salz | frisch gemahlener weißer Pfeffer
Öl zum Braten

Für die Zitronencreme

1 unbehandelte Zitrone
250 g Frischkäse
Salz | frisch gemahlener weißer Pfeffer

1. Rote-Bete-Saft, Milch, Eier, Mehl, Salz und Pfeffer zu einem glatten Pfannkuchenteig verquirlen. Etwas Öl in einer beschichteten Pfanne (ca. 28 cm Ø) erhitzen. Ein Viertel vom Teig hineingeben und zu einem dünnen Pfannkuchen backen. Auf die gleiche Art drei weitere Pfannkuchen backen.

2. Zitrone heiß abbrausen, trockentupfen und Schale fein abreiben. Frucht halbieren und Saft auspressen. Frischkäse mit Zitronenschale, -saft, Salz und Pfeffer verrühren. Pfannkuchen dünn mit der Creme bestreichen, fest aufrollen und schräg in je etwa 5 Röllchen schneiden.

Variante Bärlauch- oder Safran-Pfannkuchenröllchen

± 0 Minuten

Bärlauch-Röllchen

50 g frischer Bärlauch
250 ml Vollmilch

Bärlauch abbrausen, trockenschütteln und zusammen mit etwa der Hälfte Milch und den Eiern möglichst fein pürieren. Mit übriger Milch, Mehl, Salz und Pfeffer zu einem glatten Pfannkuchenteig verquirlen. Wie oben beschrieben zu dünnen Pfannkuchen backen, mit der Zitronencreme bestreichen, aufrollen und schräg in Röllchen schneiden.

Safran-Röllchen

250 ml Vollmilch
1 Döschen Safranpulver

Restliche Milch erwärmen und Safranpulver darin auflösen. Dann mit übriger Milch, Eiern, Mehl, Salz und Pfeffer zu einem glatten Pfannkuchenteig verquirlen. Wie oben beschrieben zu dünnen Pfannkuchen backen, mit der Zitronencreme bestreichen, aufrollen und schräg in Röllchen schneiden.

Brot-Röllchen

mit Schinken und Spargel

20 Minuten | Für 18 Röllchen

3 Scheiben Tramezzini-Brot (à ca. 10 x 23 cm)
2 EL Sesamsaat
1–2 TL Mayonnaise
1–2 Stängel Estragon
3 TL mittelscharfer Senf
6 Scheiben Schinken oder Roastbeef
6 Scheiben Emmentaler-Käse
12 Stangen Spargel (Glas)

1. Tramezzini-Brot mit der Teigrolle flacher rollen. Eine Sushi-Bambusmatte mit Frischhaltefolie belegen und mit Sesam bestreuen. Eine Scheibe Brot auf einer Seite ganz dünn mit Mayonnaise bestreichen und mit der Mayo-Seite auf die Sushimatte legen.

2. Estragon abbrausen, trockenschütteln, Blättchen abzupfen und sehr fein hacken. Mit Senf verrühren, etwas davon auf das Brot streichen und mit Schinken und Käse belegen. Je vier Stangen Spargel auflegen. Das Brot mithilfe der Sushimatte fest zu einer Rolle aufrollen, Sesam andrücken und die Folie entfernen. Rolle in Scheiben schneiden. Die anderen beiden Brote ebenso zubereiten.

Variante Veganes Sandwich-Sushi

+ 5 Minuten
2 Karotten
Salz
1 Avocado
1 EL Zitronensaft
200 g Tofu
3 EL vegane Mayonnaise
1 Msp. Wasabi (japanischer Meerrettich; aus dem Glas)

1. Karotten schälen, putzen und in dünne Sticks schneiden. In Salzwasser 1–2 Minuten blanchieren. Avocado halbieren, Kern entfernen und Fruchtfleisch herauslösen. Ebenfalls in Sticks schneiden, mit Zitronensaft beträufeln. Den Tofu in dünne Sticks schneiden.

2. Tramezzini-Brot wie oben beschrieben flacher rollen und dünn mit 1–2 TL veganer Mayonnaise bestreichen. Eine Scheibe auf die mit Sesam bestreute Sushimatte legen. Restliche Mayonnaise (2 EL) mit Wasabi verrühren und etwas davon auf das Brot streichen. Karotten-, Avocado- und Tofusticks darauflegen. Brot wie oben beschrieben aufrollen und in Scheiben schneiden. Die anderen Brote ebenso zubereiten.

Wraps
mit Pastrami-Hummus-Füllung

25 Minuten | Für 16 Stück

Für das Hummus
240 g Kichererbsen (Dose)
1 Knoblauchzehe
3 EL Sesampaste
1 EL Zitronensaft
2 EL Olivenöl
Salz

Außerdem
8 Weizentortillas, 25 cm Ø
210 g geröstete Paprika (Glas)
250 g Artischockenherzen (Glas)
3 Stängel Petersilie
250 g Ananasstücke (Dose)
300 g Pastrami in dünnen Scheiben (alternativ Bündner Fleisch)

1. Backofen auf 175 °C (Ober-/Unterhitze) vorheizen. Für das Hummus Kichererbsen abspülen und abtropfen lassen. Knoblauch abziehen und grob hacken. Kichererbsen, Knoblauch, Sesampaste, Zitronensaft und etwa 75 ml Wasser fein pürieren. Olivenöl unterrühren, mit Salz abschmecken.

2. Tortillas aufeinandergelegt in Alufolie wickeln und im Backofen etwa 10 Minuten erwärmen.

3. Paprika und Artischocken in Stücke schneiden. Petersilie abbrausen, trockenschütteln und fein hacken.

4. Tortillas dünn mit Hummus bestreichen, dabei 2–3 cm Rand frei lassen. Pastrami, Ananas, Paprika und Artischocken darauf verteilen. Mit Petersilie bestreuen, zu Wraps aufrollen und diagonal halbieren.

Variante Wraps mit Thunfischcreme

– 5 Minuten
2 Dosen Thunfisch im eigenen Saft (à 185 g)
1 unbehandelte Limette
½ Bund Dill
250 g Frischkäse
Salz | frisch gemahlener schwarzer Pfeffer
½ Kopfsalat
1 kleine Dose Mais, abgetropft

Für die Creme den Thunfisch abgießen und fein zerzupfen. Limette heiß abbrausen, trockentupfen und Schale fein abreiben. Frucht halbieren, Saft auspressen. Dill abbrausen, trockenschütteln und fein hacken. Frischkäse, Limettenschale, -saft und Dill verrühren, Thunfisch unterrühren. Salzen und pfeffern. Salat in Blätter teilen, waschen und trockenschleudern. Tortillas wie oben beschrieben erwärmen, dann mit Thunfischcreme bestreichen und mit Mais und Salat belegen. Aufrollen und halbieren.

Heferöllchen-Rosetten

30 Minuten | Für 16 Stück

260 ml Vollmilch
½ Würfel Hefe
50 g Zucker
1 Ei (Größe M)
100 ml Rapskernöl
500 g Weizenmehl Type 550
1 Pck. Backpulver
Salz
24 kleine Scheiben Fleischwurst (à ca. 8 cm Ø; ca. 150 g)
24 Scheiben Butterkäserolle (à ca. 8 cm Ø; ca. 375 g)

Außerdem
Mehl für die Arbeitsfläche

1. Zunächst 250 ml Milch lauwarm erwärmen. Hefe und Zucker darin auflösen. Ei trennen. Eigelb zum Bestreichen beiseite stellen. Eiweiß und Öl zur Hefemilch geben. Mehl, Backpulver und Salz mischen und ebenfalls zur Hefemilch geben. Mit den Knethaken des Handrührgerätes in etwa 5 Minuten zu einem geschmeidigen Teig kneten.

2. Backofen auf 200 °C (Ober-/Unterhitze) vorheizen. Teig vierteln. Ein Viertel auf bemehlter Arbeitsfläche dünn ausrollen (etwa 32 x 24 cm). Längs in 4 Streifen à 6 cm schneiden. An einer langen Seite im Abstand von etwa 1 cm kleine Einschnitte setzen.

3. Fleischwurst- und Käsescheiben halbieren. Teigstreifen überlappend mit je 3 halbierten Fleischwurst- und Käsescheiben belegen und von einer kurzen Seite aufrollen. Mit den weiteren drei Teigvierteln ebenso verfahren. Die Heferöllchen in eine mit Backpapier ausgelegte Springform (26–28 cm Ø) stellen. Eigelb mit übriger Milch (10 ml) verquirlen und Röllchen damit bestreichen. Dann etwa 20 Minuten backen.

Variante Erdbeer-Schokoladen-Schnecken

± 0 Minuten

150 g Erdbeerkonfitüre
100 g Schokostreusel oder Schokoraspel
3 EL Hagelzucker

Hefeteigstreifen wie oben beschrieben zuschneiden. Mit Erdbeerkonfitüre bestreichen und mit Schokostreuseln bzw. Schokoraspeln bestreuen. Aufrollen und in die Springform setzen. Schnecken mit Eiermilch bestreichen. Mit Hagelzucker bestreuen und wie beschrieben backen.

Würzige Wan Tans
mit Hähnchen

30 Minuten | Für 16 Stück

16 quadratische Blätter Wan-Tan-Teig (TK; à 10 x 10 cm, aus dem Asialaden)
1 Hähnchenbrustfilet (ca. 150 g)
1 Karotte
3 Frühlingszwiebeln
1 kleines Stück Ingwer
3 EL Sojasauce
frisch gemahlener schwarzer Pfeffer
Öl zum Braten und Frittieren

1. Teigblätter einzeln auftauen lassen. Hähnchenbrustfilet kalt abbrausen, trockentupfen und in Öl 7–8 Minuten braten, dabei wenden. Herausnehmen und etwas abkühlen lassen.

2. Karotte schälen und grob raspeln. Frühlingszwiebeln putzen, waschen und in feine Ringe schneiden. Ingwer schälen und fein hacken. Karotten, Frühlingszwiebeln und Ingwer unter Wenden 1–2 Minuten andünsten. Mit Sojasauce ablöschen, pfeffern und noch etwa 1 Minute weiterbraten.

3. Fleisch klein schneiden, mit Gemüse mischen. Teigblätter dünn mit Wasser bestreichen. Je etwa 1 TL Füllung in die Mitte der Blätter setzen. Teigblätter zu Dreiecken falten, Ränder gut zusammendrücken. Wan Tans portionsweise 2–3 Minuten in heißem Öl goldbraun frittieren, auf Küchenpapier abtropfen lassen.

Variante Frittierte Flusskrebs-Wan-Tans

– 5 Minuten
2 EL Pinienkerne
2 EL Semmelbrösel
½ unbehandelte Zitrone
150 g Frischkäse
Salz | frisch gemahlener weißer Pfeffer
100 g Flusskrebsfleisch (gekocht und geschält)

Pinienkerne grob hacken und mit den Semmelbröseln in einer Pfanne ohne Fett leicht anrösten. Herausnehmen und abkühlen lassen. Zitrone heiß abbrausen, trockentupfen und die Schale fein abreiben. Saft auspressen. Frischkäse mit Zitronenabrieb, -saft, Salz und Pfeffer glatt verrühren. Pinienkern-Semmelbrösel-Mix untermischen. Flusskrebsfleisch kalt abbrausen, abtropfen lassen und klein schneiden. Dann unter die Creme heben. Teigblätter mit dieser Mischung füllen und wie oben beschrieben frittieren.

Knusper-Schiffchen
mit Feigen und Ziegenkäse

25 Minuten | Für 12 Stück

2 Packungen frischer Blätterteig (aus dem Kühlregal, ca. 40 x 24 cm)
6 frische Feigen
2 Rollen Ziegenweichkäse (à 150 g)
250 g Crème fraîche
Salz
frisch gemahlener weißer Pfeffer
50 g Walnusskerne
50 g flüssiger Honig
Sahne zum Bestreichen

1. Backofen auf 220 °C (Ober-/Unterhitze) vorheizen. Blätterteig entrollen und jeweils in 6 Rechtecke schneiden. Feigen waschen und in Scheiben schneiden. Ziegenkäserolle ebenfalls in Scheiben schneiden. Crème fraîche mit Salz und Pfeffer verrühren und auf die Teigrechtecke streichen. Mit Feigen- und Ziegenkäsescheiben belegen.

2. Walnusskerne grob hacken und über die Feigen- und Ziegenkäsescheiben streuen. Mit Honig beträufeln. Zwei diagonal gegenüber liegende Teigecken über der Füllung zusammenklappen und etwas festdrücken. Teig mit Sahne bestreichen und 15–20 Minuten backen.

Variante Orientalische Pfirsich-Pistazien-Schiffchen

± 0 Minuten
1 große Dose Pfirsichhälften (Abtropfgewicht 490 g)
50 g Pistazienkerne
3–4 EL Zucker
1 gestrichener TL Zimtpulver

Pfirsiche abtropfen lassen und in dünne Spalten schneiden. Pistazienkerne grob hacken. Blätterteig-Rechtecke mit der ungewürzten Crème fraîche bestreichen. Mit Pfirsichspalten belegen und mit Pistazien bestreuen. Zucker und Zimt mischen und auf die Teigrechtecke streuen. Wie oben beschrieben zusammenklappen, mit Sahne bestreichen und backen.

Samosas

mit Tomaten-Feigen-Füllung

25 Minuten | Für 12 Stück

375 g Weizenmehl Type 405
Salz
1 TL Weißweinessig
100 g Soft-Tomaten
100 g Soft-Feigen
50 g Pekannusskerne
4 Stängel Petersilie
frisch gemahlener schwarzer Pfeffer
Mehl für die Arbeitsfläche
Öl zum Frittieren

1. Für den Teig Mehl, ½ TL Salz, Essig und etwa 250 ml Wasser mit den Knethaken des Handrührgerätes glatt verarbeiten. Den Teig in Folie wickeln und 5 Minuten bei Zimmertemperatur ruhen lassen.

2. Inzwischen für die Füllung Tomaten und Feigen fein hacken. Pekannusskerne grob hacken. Petersilie abbrausen, trockenschütteln und fein hacken. Alles mischen und mit Salz und Pfeffer abschmecken.

3. Teig auf einer bemehlten Arbeitsfläche dünn ausrollen. Insgesamt etwa 6 Kreise (à etwa 16 cm Ø) ausstechen. Kreise halbieren. Teigränder mit etwas Wasser einstreichen. Jede Teighälfte zu einer spitzen Tüte formen und die Naht gut zusammendrücken. Gut 1 EL Füllung in die Teigtüten füllen und offene Seiten gut festdrücken. Samosas portionsweise in heißem Öl goldbraun backen, dabei einmal wenden.

Variante Hack-Pinienkern-Samosas

+ 5 Minuten

1 EL Pinienkerne
1 kleine Zwiebel
1 Knoblauchzehe
175 g Rinderhackfleisch
½ TL Kurkuma
½ TL Kreuzkümmelpulver

Pinienkerne in einer beschichteten Pfanne ohne Fettzugabe goldgelb anrösten. Herausnehmen, etwas abkühlen lassen und grob hacken. Zwiebel abziehen und fein würfeln. Knoblauch abziehen und durchpressen. Etwas Öl in der Pfanne erhitzen und Zwiebel sowie Knoblauch darin anschwitzen. Hackfleisch zufügen und krümelig braten. Pinienkerne dazugeben. Alles mit Kurkuma, Kreuzkümmel, Salz und Pfeffer würzen. Samosas wie oben beschrieben mit dieser Füllung füllen und frittieren.

Laugenstückchen

»Bavarian Style«

20 Minuten | Für 20 Stück

Für den Obatzda
½ Zwiebel
125 g Rahm-Camembert
100 g weiche Butter
50 g Doppelrahmfrischkäse
Salz
frisch gemahlener weißer Pfeffer
Kümmelpulver (alternativ Kümmelsamen)
Edelsüß-Paprikapulver

Außerdem
4 Laugenstangen
evtl. Kümmelsamen zum Bestreuen

1. Für den Obatzda die Zwiebel abziehen und grob hacken. Camembert in Würfel schneiden. Beides mit Butter und Frischkäse mit dem Blitzhacker zu einer Creme verarbeiten. Salz, Pfeffer, Kümmel und Paprika zufügen und nochmals kurz mixen.

2. Laugenstangen an beiden Enden abschneiden. Mit einem Löffelstiel hineinbohren, sodass ein Loch entsteht. Loch etwas weiter ausdehnen. Obatzda in einen Spritzbeutel mit großer Lochtülle geben und die Laugenstangen damit füllen. Stangen jeweils in 5 Stücke schneiden. Übrigen Obatzda dazu reichen, eventuell mit Kümmel bestreuen.

Variante Vegane Schmalz-Laugenstückchen

± 0 Minuten
1 roter Apfel
200 g veganes zimmerwarmes Schmalz
frisch gemahlener schwarzer Pfeffer
3 Stängel Majoran
2–3 EL Röstzwiebeln
5 EL Olivenöl

1. Apfel waschen, vierteln, Kerngehäuse entfernen und das Fruchtfleisch klein würfeln. 1 EL Schmalz in einem Topf erhitzen. Apfelwürfel darin anschwitzen. Mit Pfeffer würzen, etwas abkühlen lassen.

2. Majoran abbrausen, trockenschütteln, Blättchen abzupfen und fein hacken. Mit Apfelwürfeln, Röstzwiebeln und Olivenöl in das übrige Schmalz rühren. Füllung wie oben beschrieben in einen Spritzbeutel geben und die ausgehöhlten Laugenstangen damit füllen. Übriges Schmalz dazu reichen.

Crêpe-Säckchen
mit Mascarpone und Brombeeren

25 Minuten | Für 10–12 Stück

Für die Crêpes

4 Eier (Größe M)
550 ml Vollmilch
2 EL flüssige Butter
200 g Weizenmehl Type 405
1 Prise Salz
Butterschmalz zum Braten
Band zum Zubinden

Für die Füllung

1 Vanilleschote
200 g Magerquark
150 g Mascarpone
3 EL flüssiger Honig
100 g Brombeerkonfitüre

1. Für die Crêpes Eier, Milch, Butter, Mehl und Salz glatt verrühren. Teig 5 Minuten ruhen lassen.

2. Für die Füllung Vanilleschote längs halbieren und das Mark herauskratzen. Vanillemark mit Quark, Mascarpone und Honig glatt rühren.

3. Butterschmalz in einer heißen Pfanne mit flachem Rand (am besten einer Crêpepfanne) schmelzen lassen und nacheinander 10–12 dünne Crêpes darin backen. Aus der Pfanne nehmen, etwas abkühlen lassen und jeweils etwas Quarkcreme und Konfitüre in die Mitte geben. Crêpe über der Füllung zusammenfassen und mit dem Band zubinden.

Variante Asia-Crêpe-Säckchen

+ 5 Minuten

550 ml Karottensaft
1 große Stange Lauch
3 Karotten
1 gelbe Paprikaschote
50 g süß-saure Asiasauce
3 EL geröstete, gesalzene Erdnüsse
Erdnussöl zum Braten

1. Crêpeteig wie oben beschrieben zubereiten, statt Milch aber Karottensaft verwenden. Crêpes backen.

2. Gemüse putzen und waschen. Vom Lauch die äußeren zwei großen Blätter beiseite legen. Rest Gemüse fein schneiden und im heißen Öl 5 Minuten braten. Asiasauce und grob gehackte Erdnüsse dazugeben.

3. Die zwei beiseite gelegten Lauchblätter längs in etwa 5 mm breite Streifen schneiden, in kochendem Wasser 30 Sekunden blanchieren, abgießen und abschrecken. Crêpes mit dem Asia-Gemüse füllen und Säckchen mit den blanchierten Lauchstreifen zubinden.

Tipp Sie können Vanillezucker auch selbst mit ausgekratzten Vanilleschoten herstellen. Auf 100 g Zucker rechnet man 1 Vanilleschote. Die ausgekratzten Vanilleschoten in ein verschließbares Glas legen und mit Zucker auffüllen. Glas verschließen, kräftig schütteln und etwa 2 Wochen durchziehen lassen.

Schoko-Zigarren mit Walnüssen

20 Minuten | Für 10 Stück

Für die Füllung
50 g Zucker
1–2 Msp. gemahlene Vanille (z. B. aus dem Bioladen)
100 g Walnusskerne
100 g Schokostreusel

Außerdem
50 g Butter
1 Packung frischer Filoteig (aus der Kühltheke; 250 g; 10 Blätter à 30 x 31 cm)

1. Backofen auf 200 °C (Ober-/Unterhitze) vorheizen. Für die Füllung Zucker mit Vanille mischen. Walnusskerne grob hacken. Beides mit den Schokostreuseln mischen.

2. Butter schmelzen. Filoteig-Blätter ausbreiten und mit der Butter bestreichen. Je zwei Teigblätter übereinander legen und mit der Füllung bestreuen, zu »Zigarren« aufrollen und etwa 12 Minuten backen. Herausnehmen, etwas abkühlen lassen und halbieren.

Variante Pesto-Schinken-Zigarren

+ 5 Minuten
60 g Rucola
1 Knoblauchzehe
25 g geschälte Haselnusskerne
Abrieb von ½ unbehandelten Zitrone
ca. 75 ml Olivenöl
Salz
frisch gemahlener schwarzer Pfeffer
100 g Schinken- oder Speckwürfel

1. Für das Pesto Rucola waschen und trockenschleudern. Knoblauch abziehen und grob hacken. Beides mit Haselnusskernen, Zitronenabrieb und Öl zu einem Pesto mixen. Mit Salz und Pfeffer abschmecken.

2. Zwei Filoteig-Blätter übereinander legen, dann dünn mit Pesto bestreichen und mit Schinkenwürfeln bestreuen. Zu »Zigarren« aufrollen, mit Butter bestreichen und wie oben beschrieben backen.

Tipp Am besten entfalten die Haselnusskerne ihr Aroma, wenn sie zuvor im Backofen oder in der Pfanne kurz angeröstet wurden. Vor dem Mixen abkühlen lassen.

Suppen & Salate

Rotkohl-Suppe »Purple Rain«

30 Minuten | Für 8 kleine Portionen

½ kleiner Rotkohl (ca. 1 kg)
1 violette Süßkartoffel (ca. 400 g; alternativ eine herkömmliche Süßkartoffel)
2 rote Zwiebeln
1 EL neutrales Öl
1 ¾ l Gemüsebrühe
Salz
frisch gemahlener weißer Pfeffer
Zucker

Für die Toppings
4 Scheiben Toastbrot
4 EL Olivenöl
1 Knoblauchzehe
Salz
frisch gemahlener weißer Pfeffer
100 g Speckwürfelchen
1 Bund Petersilie

1. Für die Suppe Rotkohl putzen, halbieren, waschen und in feine Streifen schneiden. Süßkartoffel schälen, waschen und in Stücke schneiden. Zwiebeln abziehen und fein würfeln. Öl in einem großen Topf erhitzen. Zwiebeln darin anschwitzen. Rotkohl und Süßkartoffelwürfel ebenfalls mitdünsten. Mit Gemüsebrühe ablöschen und etwa 20 Minuten köcheln lassen. Dann die Suppe fein pürieren und mit Salz, Pfeffer und Zucker abschmecken.

2. Für die Toppings die Toastbrotscheiben entrinden und würfeln. 3 EL Öl in einer Pfanne erhitzen. Brotwürfel darin unter Wenden 3–4 Minuten rösten. Knoblauch abziehen und fein hacken. Zu den Croûtons geben und etwa 1 Minute mitrösten. Mit Salz und Pfeffer würzen. Herausnehmen. Übriges Öl in der Pfanne erhitzen. Speckwürfel darin unter Wenden 3–4 Minuten knusprig auslassen, herausnehmen. Petersilie abbrausen, trockenschütteln, Blättchen abzupfen und fein hacken. Die drei Toppings (Croûtons, Speckwürfelchen und gehackte Petersilie) zur Suppe reichen.

Variante Schneeweiße Blumenkohl-Cremesuppe

± 0 Minuten
1 Kopf Blumenkohl (ca. 1 kg)
500 g Pastinaken
1 Gemüsezwiebel
150 g süße Sahne

Blumenkohl putzen, waschen und in Röschen teilen. Pastinaken schälen, waschen und in Würfel schneiden. Zwiebel abziehen und in Würfel schneiden. Wie oben beschrieben erst Zwiebelwürfel, dann übriges Gemüse anschwitzen, Brühe angießen und etwa 20 Minuten köcheln lassen. Sahne angießen, alles pürieren und würzen. Suppe mit den drei Toppings servieren.

Salat-Türmchen
»Upside-Down«

20 Minuten | Für 8 kleine Portionen

Für den Salat
75 g Rucola
200 g Feta
1 reife Papaya
2 Avocados
60 g Walnusskerne

Für die Vinaigrette
5 EL Weißweinessig
1 TL mittelscharfer Senf
1 TL flüssiger Honig
Salz
frisch gemahlener weißer Pfeffer
5 EL Olivenöl

1. Rucola waschen und trockenschleudern. Feta in kleine Würfel schneiden. Papaya schälen, halbieren und Kerne entfernen. Fruchtfleisch ebenfalls in kleine Würfel schneiden. Avocado halbieren, Kern entfernen und Fruchtfleisch aus der Schale lösen, Avocado fein würfeln. Walnusskerne grob hacken.

2. Für die Vinaigrette Essig mit Senf und Honig verquirlen. Mit Salz und Pfeffer würzen. Zuletzt das Öl unterschlagen.

3. Zuerst Rucola, dann Papaya, Feta, Walnusskerne und zuletzt Avocado in ein kleines Glas oder eine Tasse schichten. Glas vorsichtig auf kleine Teller oder Untertassen stürzen, sodass ein Salat-Türmchen stehen bleibt. Mit Vinaigrette beträufeln. Auf diese Art 8 Upside-Down-Salätchen zubereiten.

Variante Bunter Schichtsalat im Glas

± 0 Minuten
½ Kopf Eisbergsalat
200 g Gouda
1 Bund Frühlingszwiebeln
2 Dosen Mandarin-Orangen (Abtropfgewicht jeweils 175 g)
100 g Schinkenwürfel

1. Salat waschen, trockenschleudern und in Stücke zupfen. Gouda reiben. Frühlingszwiebeln putzen, waschen und in feine Ringe schneiden. Mandarin-Orangen abtropfen lassen.

2. Alle Zutaten in Schichten dicht an dicht in Gläser füllen. Vinaigrette wie oben beschrieben zubereiten und über den Salat träufeln oder dazu servieren.

Thai-Süppchen mit Garnelen

20 Minuten | Für 8 Portionen

250 g TK-Garnelen (ohne Kopf, Schale und Darm)
1 daumengroßes Stück Ingwer
1 Bund Frühlingszwiebeln
2 TL Kokosöl
2 EL rote Currypaste
1 ¼ l Gemüsebrühe
1 Dose Kokosmilch (400 ml)
Salz
frisch gemahlener weißer Pfeffer
100 g Glasnudeln
Sojasauce und Fischsauce zum Abschmecken
gehackter Koriander zum Garnieren

1. Garnelen auftauen lassen. Ingwer schälen und fein hacken. Frühlingszwiebeln putzen, waschen und in feine Ringe schneiden. 1 TL Kokosöl in einem großen Topf erhitzen. Ingwer und Frühlingszwiebeln darin andünsten. Rote Currypaste zugeben und mit anschwitzen. Mit Brühe und Kokosmilch ablöschen und 5 Minuten köcheln lassen.

2. Inzwischen aufgetaute Garnelen kalt abbrausen, trockentupfen. Rest Öl (1 TL) in einer Pfanne erhitzen. Garnelen darin unter Wenden 3–4 Minuten braten. Mit Salz und Pfeffer würzen.

3. Glasnudeln in die Suppe geben und nach Packungsanweisung 3–4 Minuten ziehen lassen. Suppe mit Soja- und Fischsauce abschmecken und mit Garnelen und gehacktem Koriander in kleinen Suppenschälchen anrichten.

Variante Grünes Thai-Süppchen mit Hähnchen

± 0 Minuten
2 EL grüne Currypaste
2 Hähnchenbrustfilets (à ca. 150 g)
150 g Mie-Nudeln (japanische gedrehte Weizenmehlnudeln)
100 g Mungobohnensprossen

Suppe wie oben beschrieben zubereiten, dabei aber statt roter Currypaste grüne verwenden. Köcheln lassen. Inzwischen Hähnchenbrustfilets kalt abbrausen, trockentupfen und in kleine Würfel schneiden. Im heißen Öl rundherum 3–4 Minuten anbraten und würzen. Mie-Nudeln kleiner brechen, in die Suppe geben und darin etwa 4 Minuten gar ziehen lassen. Suppe abschmecken. Sprossen abspülen und abtropfen lassen. Suppe mit Hähnchenwürfeln, Sprossen und Koriander in kleinen Suppenschälchen anrichten.

Tipp Bei Currypasten gibt es große Unterschiede, was den Schärfegrad angeht. Sollten Sie eine ganz scharfe Variante daheim haben, verwenden Sie sie etwas sparsamer.

Coole Melone

mit Bacon-Chips

15 Minuten | Für 8 Portionen

2 Charentais-Melonen (à ca. 1,4 kg)
300 ml kalter Weißwein
Salz
frisch gemahlener weißer Pfeffer
Chilipulver
8 Scheiben Frühstücksspeck (Bacon)
4 Stängel Petersilie

1. Melonen halbieren, Kerne entfernen, Fruchtfleisch herauslösen und klein schneiden. Zuerst etwa ein Drittel der Melonenstücke, Wein und etwa 100 ml kaltes Wasser mit dem Stabmixer pürieren. Dann nach und nach übrige Melonenstücke untermixen. Mit Salz, Pfeffer und etwa ½ TL Chilipulver abschmecken. Bis zum Servieren kalt stellen.

2. Speck in einer heißen Pfanne kross auslassen. Herausnehmen und auf Küchenpapier abtropfen lassen. Grob zerbröseln. Petersilie abbrausen, trockenschütteln und fein hacken. Suppe in Gläser oder Tassen füllen. Bacon-Chips und Petersilie auf die Suppe streuen oder dazu servieren.

Variante Kalte Papaya-Kokos-Suppe

+ 10 Minuten

2 große reife Papayas (à ca. 600 g)
2 Zwiebeln
1 TL Kokosöl
1–2 EL Currypulver
1 ¼ l Gemüsebrühe
1 Dose Kokosmilch (400 ml)
4 EL Kokoschips

1. Papayas schälen, halbieren und die Kerne entfernen. Fruchtfleisch grob würfeln. Zwiebeln abziehen und in Würfel schneiden. Kokosöl in einem Topf erhitzen und Zwiebelwürfel darin anschwitzen. Mit Currypulver bestäuben. Dann mit Brühe und Kokosmilch ablöschen und aufkochen lassen. Papayawürfel zur Suppe geben und 4–5 Minuten köcheln lassen. Mit dem Stabmixer fein pürieren, salzen und pfeffern. Suppe auskühlen lassen und kalt stellen.

2. Kokoschips in einer beschichteten Pfanne ohne Fettzugabe anrösten. Suppe in Gläser oder Tassen füllen und mit Kokoschips anrichten.

Gazpacho-Shots

Classic Style

20 Minuten | Für 10 kleine Portionen

3 Scheiben Toastbrot
1 rote Paprikaschote
2 Knoblauchzehen
½ Salatgurke
1 große Dose geschälte Tomaten (800 g)
4 EL Olivenöl
2 EL Balsamico-Essig
Salz
frisch gemahlener schwarzer Pfeffer
Zucker
2 TL gehackter Koriander
10 EL Gin

1. Toast entrinden und in etwas kaltem Wasser einweichen. Paprikaschote putzen, waschen und würfeln. Knoblauch abziehen. Gurke waschen, putzen und grob würfeln. Eingeweichtes Brot ausdrücken. Brot mit Dosentomaten, Paprika, Knoblauch und Gurke fein pürieren. Olivenöl und Essig unter die Suppe rühren. Mit Salz, Pfeffer und Zucker würzen. Suppe bis zum Servieren kalt stellen.

2. Zum Servieren Suppe in kleine, schwere Gläser füllen. Mit Koriander bestreuen. Pro Glas 1 EL Gin leicht erwärmen und über die Suppe geben. Vorsichtig mit einem langstieligen Feuerzeug flambieren. Sofort servieren.

Variante Gazpacho-Shots »Greenie«

± 0 Minuten

2 hellgrüne Spitzpaprikaschoten
1 grüne Paprikaschote
1 Salatgurke
4 Stangen Staudensellerie
1 Fenchelknolle
1 Handvoll Crushed Ice (zerstoßene Eiswürfel)

Beide Paprikasorten waschen, vierteln und entkernen. Gurke waschen und schälen. Etwas von der Gurkenschale für die Dekoration aufbewahren. Sellerie und Fenchel putzen, waschen, eventuell abziehen. Dann grob zerkleinern. Ausgedrücktes Toastbrot, Spitzpaprika, grüne Paprika, Sellerie, Fenchel, Knoblauch, Crushed Ice und 100 ml Wasser in einem Standmixer oder mit einem leistungsfähigen Stabmixer pürieren, mit Öl und Essig verfeinern und mit Salz, Pfeffer und Zucker würzen. Suppe in kleine Gläser füllen und mit etwas fein geschnittener Gurkenschale dekorieren. Wie oben beschrieben mit Gin flambieren.

Quinoasalat

mit Aprikose und Feta

30 Minuten | Für 8 kleine Portionen

Für den Salat
200 g weiße Quinoa
ca. 450 ml Gemüsebrühe
5 Frühlingszwiebeln
200 g Feta
100 g Soft-Aprikosen

Für die Vinaigrette
4 Stängel Petersilie
4 EL Aprikosensaft
2–3 EL Weißweinessig
Salz | frisch gemahlener weißer Pfeffer
4 EL Olivenöl

1. Quinoa in einem Sieb abspülen und abtropfen lassen. Gemüsebrühe aufkochen. Quinoa einrühren und bei geringer Temperatur 20–25 Minuten köcheln, bis die Brühe aufgesogen ist, dabei ab und zu umrühren.

2. Frühlingszwiebeln putzen, waschen und in dünne Ringe schneiden. Feta und Aprikosen in kleine Würfel schneiden.

3. Für die Vinaigrette Petersilie abbrausen, trockenschütteln, Blättchen abzupfen und sehr fein hacken. Saft, Essig, Salz und Pfeffer verrühren. Öl unterschlagen und Petersilie unterheben. Quinoa, Frühlingszwiebeln, Feta, Aprikosen und Vinaigrette mischen.

Variante Amaranth-Taboulé

± 0 Minuten
200 g Amaranth
1 Knoblauchzehe
1 unbehandelte Zitrone
4 Tomaten
1 Bund Minze

1. Amaranth in gut 600 ml kochendem Wasser 20–25 Minuten weich kochen, in ein Sieb abgießen, abschrecken und gründlich abtropfen lassen.

2. Während der Garzeit Knoblauch abziehen, fein würfeln. Zitrone heiß abbrausen, trockentupfen, Schale fein abreiben. Saft auspressen. Tomaten waschen, putzen, vierteln und entkernen. Fruchtfleisch in feine Würfel schneiden. Minze abbrausen, trockenschütteln, Blättchen abzupfen und fein hacken.

3. Amaranth, Knoblauch, Zitronenschale, -saft, Tomaten und Minze mischen. Aus dem oberen Rezept Frühlingszwiebelringe und die Vinaigrette unterheben.

Süßkartoffel-Suppe
mit Pumpernickel-Bröseln

25 Minuten | Für 8 kleine Portionen

Für die Suppe
2 Zwiebeln
2 EL Butter
800 g Süßkartoffeln, gewürfelt
1 ½ l Gemüsebrühe
4 säuerliche Äpfel
2 TL Zitronensaft
Salz
Cayennepfeffer
4 TL gehackte Petersilie

Für die Pumpernickel-Brösel
200 g Pumpernickel
3–4 EL Butter
½ TL Zimtpulver

1. Für die Suppe Zwiebeln abziehen, würfeln und in der heißen Butter glasig anschwitzen. Süßkartoffeln etwa 2 Minuten unter Wenden mitgaren. Mit Brühe ablöschen und aufkochen, zugedeckt bei mittlerer Temperatur 10–15 Minuten garen.

2. Inzwischen Äpfel waschen. Einen Apfel ohne Kerngehäuse in Schnitze schneiden, mit Zitronensaft beträufeln und für die Deko beiseite legen. Übrige 3 Äpfel schälen, entkernen, klein würfeln und kurz in der Suppe mitkochen. Die Suppe fein pürieren. Mit Salz und Cayennepfeffer würzen.

3. Pumpernickel grob zerbröseln. Butter erhitzen, Brösel darin etwas anrösten. Mit Zimt bestäuben. Suppe mit Apfelschnitzen, Pumpernickel-Bröseln und gehackter Petersilie in Schälchen anrichten.

Variante Süßkartoffel-Orangen-Suppe mit Ciabatta-Croûtons

± 0 Minuten
1 ¼ l Gemüsebrühe
200 ml Weißwein
2 unbehandelte Orangen
150 g Ciabattabrot, gewürfelt
ca. 4 EL Olivenöl
1 TL frische Thymianblättchen

1. Zwiebeln und Süßkartoffeln wie oben beschrieben in der Butter andünsten. Mit Brühe und Wein ablöschen und 10–15 Minuten kochen lassen. Orangen heiß abbrausen, trockentupfen, Schale abreiben und in die Suppe geben. Die Orangen filetieren, dabei den Saft auffangen. Filets klein schneiden, mit Saft zur Suppe geben und aufkochen lassen. Suppe fein pürieren. Mit Salz und Pfeffer abschmecken.

2. Brotwürfel im heißen Öl anrösten, Thymian zugeben. Suppe damit in Schälchen anrichten.

Eiersalat

in Filoteig-Schälchen

30 Minuten | Für 12 kleine Portionen

Für die Filoteig-Schälchen

6 Blätter frischer Filoteig (Kühltheke; à ca. 30 x 31 cm)
etwas Milch oder Öl zum Bestreichen

Für den Eiersalat

8 Eier
¼ Bund Schnittlauch
1 Knoblauchzehe
350 g Naturjoghurt
150 g Salat-Mayonnaise
Salz
frisch gemahlener weißer Pfeffer
Zucker
1 Dose Mandarin-Orangen (Abtropfgewicht 175 g)

1. Backofen auf 175 °C (Ober-/Unterhitze) vorheizen. Für die Filoteig-Schälchen jedes Filoteigblatt vierteln und mit wenig Milch oder Öl bestreichen. Jeweils zwei Quadrate in eine Mulde einer Muffinform legen und festdrücken. Dann 8–10 Minuten backen. Herausnehmen, etwas abkühlen lassen, Schälchen aus der Form lösen und ganz auskühlen lassen.

2. Für den Eiersalat Eier in kochendem Wasser etwa 9 Minuten garen, abgießen, abschrecken und pellen. Schnittlauch abbrausen, trockenschütteln und in feine Röllchen schneiden. Knoblauch abziehen und fein hacken. Joghurt und Mayonnaise verrühren. Knoblauch und Hälfte Schnittlauch unterrühren. Mit Salz, Pfeffer und Zucker abschmecken.

3. Eier grob hacken. Mandarin-Orangen abtropfen lassen und unter das Dressing heben. Filoteig-Schälchen damit füllen und mit dem restlichen Schnittlauch bestreuen.

Variante Luxus-Eiersalat in Chicorée-Schiffchen

± 0 Minuten

2 Kolben Chicorée
100 g Flusskrebsfleisch (gekocht und geschält)
150 g Ananasstückchen

Vom Chicorée die äußeren Blätter entfernen. Restliche Blätter ablösen, waschen und abtropfen lassen. Flusskrebsfleisch etwas kleiner schneiden. Ananasstückchen abtropfen lassen. Eiersalat wie oben beschrieben zubereiten. Zum Schluss statt der Mandarin-Orangen das Flusskrebsfleisch und die Ananasstückchen unterheben. Salat in die Chicorée-Blätter füllen.

Tortellini-Salat
»Bella Italia«

20 Minuten | Für 6 Portionen

Für den Salat
30 g Pinienkerne
400 g Kirschtomaten
50 g schwarze Oliven ohne Stein
150 g Mini-Mozzarellakugeln
150 g Parmaschinken
50 g Rucola
500 g frische Tortellini
einige Basilikumblättchen

Für die Vinaigrette
2 Knoblauchzehen
5–6 EL weißer Balsamico-Essig
Salz
frisch gemahlener schwarzer Pfeffer
5–6 EL neutrales Öl

1. Pinienkerne in einer beschichteten Pfanne ohne Fettzugabe goldgelb anrösten, herausnehmen. Kirschtomaten waschen und halbieren. Oliven abtropfen lassen und in Scheiben schneiden. Mozzarellakugeln abtropfen lassen. Schinken in Stücke zupfen. Rucola waschen und trockenschleudern. Tortellini in kochendem Salzwasser nach Packungsanweisung garen.

2. Für die Vinaigrette Knoblauch abziehen und durchpressen. Mit Essig, Salz und Pfeffer verquirlen. Öl unterschlagen.

3. Tortellini abgießen, abtropfen lassen. Mit Pinienkernen, Kirschtomaten, Oliven, Mozzarellakugeln und Vinaigrette mischen. Basilikumblättchen abbrausen, trockentupfen. Alles mit Rucola und Parmaschinken in Einmachgläschen anrichten.

Variante Tortellini-Brokkoli-Salat

+ 5 Minuten
750 g Brokkoli
250 g Fleischwurst
100 g Champignons
4 Stängel Petersilie

Brokkoli putzen, in kleine Röschen teilen und waschen. In Salzwasser 6-8 Minuten garen, dann abgießen. Fleischwurst in Würfel schneiden. Champignons putzen und in Scheiben schneiden. Tortellini und Vinaigrette wie oben beschrieben zubereiten. Petersilie abbrausen, trockenschütteln und fein hacken. Alles mischen und in Einmachgläsern anrichten.

Register

A

B

C

E

F

G

H

K

L

M

O

P

Q

R

S

T

W

X

Z

Checkliste

für eine perfekte Party

Ganz egal, ob zum Geburtstag, zur Wohnungseinweihung oder einfach nur so: Partys machen einfach Spaß! Dabei sind ein paar gute Freunde und köstliche Kleinigkeiten für ein gelungenes Fest schon die halbe Miete. Damit auch garantiert nichts schiefgehen kann, hier noch eine kleine Checkliste und schon kann es losgehen!

- Einladungen rechtzeitig versenden
- je nach Größe der Party ein paar Helfer organisieren für Vorbereitung und Aufräumen
- genügend Ablageplatz schaffen für Mäntel und Taschen
- Bei Partys in der eigenen Wohnung: Lärmempfindliche Nachbarn informieren und Rücksicht nehmen
- eine große Auswahl an Getränken bereitstellen, damit auch für jeden was dabei ist
- Eiswürfel und Kühlmöglichkeiten für Getränke
- ausreichend Teller, Besteck, Gläser und Servietten
- Gute-Laune-Musik für jeden Geschmack
- Stimmungsvolle Beleuchtung (Kerzen, Lampions, Gartenfackeln, Discokugel …)
- gemütliche Sitzecken mit Kissen und Decken einrichten
- optional: ein lustiges Motto bestimmen, passende Deko und eventuell Kostüme besorgen
- Papiertüten oder Tupperdosen bereitstellen, damit übrig gebliebenes Essen auf die Gäste verteilt werden kann
- Übernachtungsmöglichkeiten für Gäste organisieren, die extra angereist sind oder zu später Stunde nicht mehr nach Hause kommen